WALTER VELTRONI

La scelta

Rizzoli

Pubblicato per

Rizzoli

da Mondadori Libri S.p.A.

ISBN 978-88-17-13947-2

Prima edizione: marzo 2022

La scelta

A Franca, che in quel tempo era Margherita

L'ultima mia proposta è questa:
se volete trovarvi,
perdetevi nella foresta.
GIORGIO CAPRONI

Uno

Per fortuna sono sola, a casa. Papà è al lavoro. Mamma si muove come una faina nel quartiere per cercare qualcosa che assomigli al caffè e Arnaldo, mio fratello, da giorni non dà notizie.

Ma siamo abituati. Mamma dice che i diciottenni sono tutti così. Sarà pure, ma a me un po' dispiace. Mi manca. Quando dorme qui, ormai raramente, i suoi capelli sfiorano i miei. Le brande sono messe a elle, nella nostra stanza, e avvertire il contatto con la sua testa mi regala un po' di calore, un po' di sicurezza.

Quando manca, quasi sempre, la casa mi sembra deserta.

E allora, per darmi conforto, parlo a voce alta, neanche fossi una matta. No, non sono pazza, almeno credo. Sono sola, questo sì. D'altra parte è ormai tempo che non vado a scuola. Abbiamo finito prima le lezioni, quest'anno. E non è aria di passeggiare al parco o di organizzare festicciole con le amiche. Non è aria di far niente.

Se non aspettare. Io non so cosa, mi sembra che nessuno lo sappia. Bisogna aspettare. Che tutto finisca.

Papà da un po' di tempo sembra preoccupato. Parla poco anche a tavola, la sera. Lui sempre così allegro, con una risata facile e frequente, una risata con il risucchio, rumorosa, che mi provocava sempre tanto imbarazzo, davanti agli altri, e della quale invece sento la mancanza, ora.

Quando mamma gli chiede se c'è qualcosa che non va, lui risponde con un grugnito e con le braccia indica fuori dalla finestra. Mi sembra voglia dire: «Ma non vedi quello che c'è fuori, non capisci?».

Mamma allora alza gli occhi al cielo, mi intima di stare composta, di non puntare i gomiti sulla tavola da pranzo. Me lo dice anche se non lo sto facendo.

Io non rispondo perché capisco che lei, in quei momenti, non sa trovare le parole giuste. Non sa come entrare nei pensieri di papà, ma non vuole neanche lasciare nell'aria quel silenzio imbarazzante che segue le liti tra genitori.

E allora si rivolge a me e mi rimprovera. Io la capisco e affondo il cucchiaio nella insipida minestra con i cavoli che mamma è riuscita a rimediare dal sor Luigi, il verdumaio di via Lanciani.

Però tra me e me penso che in fondo, invece, sarebbe davvero impossibile per chiunque rispondere alla sua domanda – la professoressa di italiano che per me stravede, sa quanto studio e mi impegno, mi ha insegnato che quelle così si chiamano "domande retoriche" – per il semplice motivo che nessuno vede oltre le finestre, vede "quello che c'è fuori".

Infatti da mesi, la sera, si deve appoggiare della carta blu ai vetri, per oscurare la vista di tutti noi agli aerei americani, o come si dice "alleati", che potrebbero bombardarci.

Certe volte penso anche sia un modo per impedire a noi di vedere come sono e quanti sono, loro.

Ma io, sempre tra me e me, mi chiedo perché dobbiamo ripetere tutte le sere questa pagliacciata se è vero quello che papà ribadisce sempre, con quel vocione che assomiglia alla forma del suo corpo: «Gli americani non possono bombardare Roma, è la città del papa. E poi c'è il Colosseo».

Glielo ha confermato sicuro sicuro il Presidente dell'azienda presso cui lavora, in via di Propaganda. È un signore importante, si chiama Manlio Morgagni ed è il capo dell'agenzia Stefani, credo sia persino il proprietario, ma non ho capito bene. Se lui, che le cose le sa, ha fatto una affermazione così netta, deve proprio essere vera.

Era metà giugno quando papà ce lo ha raccontato.

È stata l'ultima volta che l'ho visto sorridere, a tavola. Tornato a casa, si era tolto la sua bella divisa da usciere, aveva riposto sull'attaccapanni il cappello nero con su scritto, cucitura in oro, AGENZIA STEFANI, e tutto gongolante aveva detto di doverci riferire una cosa importante.

Mi piaceva quando raccontava del lavoro. Una volta mi aveva anche portata in ufficio, ma ero piccola piccola e non ricordo. Però tra i suoi racconti e quella visita un'idea me la sono fatta. Secondo me ci sono lunghi corridoi, forse tutti uguali, e delle stanze che si affacciano su di essi. Immagino le persone incaricate di fornire le notizie correre alle telescriventi, che papà dice di avermi fatto vedere, ma delle quali sento nella mente solo il rumore: un ticchettio come di mille orologi.

Immagino tante voci e persone in camicia con le maniche arrotolate, immagino tante sigarette nei posacenere e bicchieri sporchi sui tavoli. Insomma, un suono energico e festoso che mi sembra un miraggio ora che casa mia – con Arnaldo che non c'è, mio padre muto e mamma che non sa che dire – è un deserto di voci e di rumori.

Insomma, quella sera, papà era orgoglioso di se stesso, del coraggio che per una volta aveva avuto, rompendo qualcosa che era a metà tra timidezza e, soprattutto, timore dell'autorità assoluta dell'uomo che aveva davanti a sé, il Presidente al quale, come tutte le mattine, aveva portato il caffè in una tazzina Richard Ginori collocata su un cabaret bianco con le maniglie a forma di testa di serpente.

«Eccellenza...» aveva avuto l'ardire di sussurrare mio papà, l'usciere, con il cuore in tumulto perché violava una regola decennale che prevedeva solo che si bussasse alla porta, si camminasse con passi leggeri fino alla scrivania, si depositasse con attenzione il vassoio e si attendesse, qualora fosse arrivato, il «Grazie, Ascenzo» che il Presidente dispensava a seconda dell'umore del momento che non era immune alle tensioni generali, quel "succede fuori" che papà, che con le parole faticava, riassumeva con quel gesto del braccio.

«Eccellenza, scusate l'ardire, voi pensate che i nemici

bombarderanno Roma? Si sentono tante cose, in giro. E io sono preoccupato per i miei ragazzi, non per me.»

Il Presidente Morgagni – ha raccontato papà, quella sera, quasi divertito – aveva alzato la testa dal foglio sul quale stava scrivendo con la sua stilografica. Lo aveva fatto però con un movimento lento, un sacco di tempo per portare i suoi occhi a disposizione di quelli di Ascenzo, mio padre.

Quando finalmente gli sguardi avevano collimato, papà aveva avvertito una punta di disagio. Il Presidente sembrava certamente sorpreso dall'irruzione di una voce al posto del suono della tazzina sulla scrivania, ma in verità era apparso a mio padre come infastidito. Papà si era pentito e stava per scusarsi e tornare sui suoi passi con la marcia del gambero, senza dare le spalle al suo Presidente, al quale – ora se ne dannava – aveva osato rivolgere la più stupida e forse vigliacca delle domande, nulla di virile o pugnace come forse Morgagni si aspettava dal suo fedele usciere.

Invece il volto del Presidente, ha raccontato papà, si era aperto in un rassicurante sorriso. «Stai tranquillo, Ascenzo, non succederà nulla. Abbi fiducia nel nostro Duce, che sa come le cose andranno a finire…» È stato a quel punto che Sua Eccellenza aveva pronunciato la frase sulla assoluta sicurezza di Roma.

Papà, orgoglioso del suo coraggio e felice della risposta, aveva ringraziato e si era accomiatato con rispetto. Aveva notato, uscendo dalla stanza, che il Presidente, diversamente dal solito, aveva seguito la sua un po' ridicola marcia indietro e lo aveva fatto con un mezzo sorriso, la cui vera natura mio padre non riusciva a spiegarsi.

Ma, quella sera, papà era al settimo cielo. Ci ha detto che dovevamo comunque mettere i fogli blu alla finestra, perché così il Duce aveva stabilito, ma la notte non ci dovevamo più far prendere dalla paura, quando le fotoelettriche sciabolavano il cielo, perché era tutta una messa in scena per mostrare al nemico la nostra potenza.

Se Sua Eccellenza Morgagni era stato così determinato e sicuro era certamente perché aveva ricevuto informazioni precise dal Duce, con il quale aveva un rapporto strettissimo, almeno quotidiano. Glielo aveva rivelato, tutta emozionata, la centralinista, a cui batteva il cuore ogni volta che arrivava una chiamata da Palazzo Venezia.

Insomma papà, quella sera, era, o sembrava, davvero raggiante e ha deciso di aprire un fiasco di vino rosso dei Castelli che aveva tenuto per le grandi occasioni. Ha tolto il tappo, lo ha odorato come fosse nettare, ha fatto un sorriso furbo, mi ha guardato e ha detto con un tono quasi ufficiale: «Margherita, ora hai quattordici anni. A scuola sei brava, non sei una testa calda come tuo fratello e in casa dai sempre una mano a tua madre. Allora stasera, per celebrare la buona notizia che ho avuto l'onore di apprendere da Sua Eccellenza, vorrei che assaggiassi per la prima volta un po' di vino. Poco, però». E poi, con un movimento goffo, mi ha consegnato un bicchiere con almeno due dita di vino rosso. Si era fatto un silenzio pieno di attesa. Io ero emozionata, mi sembrava che con quel gesto papà mi volesse dire che ero cresciuta. Ho bevuto, dicono con la faccia un po' schifata, non mi è piaciuto, ma ho fatto finta che fosse la cosa più buona del mondo.

Non volevo che papà ci restasse male.

Ho bevuto interamente il bicchiere.

Sarà per questo che stamane tutto il lenzuolo del mio letto era sporco di rosso? Mi sa di no. Mi sa che sono davvero cresciuta, da oggi devo smettere di pensarmi bambina. Quando mamma torna voglio parlarne con lei.

Con chi, sennò?

Però oggi mi sento diversa, mi sento felice. Allora vado al grammofono, metto su il disco di Ferruccio Tagliavini e ripeto con lui:

«*Voglio vivere così*
col sole in fronte
e felice canto
beatamente…
Voglio vivere e goder
l'aria del monte
perché questo incanto
non costa niente».

E mentre canto prendo la scopa dal ripostiglio e danzo con lei. Quel manico di legno per me ora è Franco, il ragazzo della terza B.

Nella mia casa vuota, in questa mattina di luglio, immagino che sia lui a guidarmi, mentre mi perdo in mille giravolte, sorridendo al mondo che verrà.

Due

«Raccontamela ancora, questa storia, ti prego.» Non mi vergogno affatto di sembrare un bambino che ha bisogno di fiabe prima di dormire. In fondo è proprio così che mi sento, stasera.

E poi, in fin dei conti, lui è un adulto e io un ragazzo. I ruoli sono a posto. Lui sa e racconta, io devo scoprire e ascolto. Mio padre non è mai stato capace di farlo, le sue parole sono poche e non mi piacciono affatto. Sono roboanti, ovvie, sono le parole di tutti che ho sentito ripetere ogni giorno a scuola, nei cinegiornali, nei discorsi tronfi pronunciati in quella autentica tortura che mi veniva imposta da piccolo, ogni sabato.

Sì, ci davano la colazione, ma in cambio dovevamo romperci le palle per ore e ore. A sei anni mio padre, sempre zelante, mi portò, tutto rosso in viso per l'orgoglio, al raduno dei figli della Lupa, a otto diventai balilla e a quattordici tragicamente un avanguardista.

Una autentica sciagura che mi spingeva, al venerdì, a ordire ogni trama per evitare l'implacabile convocazione. Accusavo improvvise febbri, improvvisi attacchi di vomito, improvvisi capogiri. Tutto improvviso, troppo improvviso. Mio padre mi aveva sgamato e mi guardava con l'aria del burbero che si sentiva onnisciente pur non avendone i titoli. E sì che io mettevo il termometro sul termosifone, quando non era freddo, o sulla teiera che mamma mi preparava per alleviare il mio attacco di acetone. Ovviamente improvviso.

Ero arrivato, per la disperazione, anche a fare la pipì in quell'oggetto che sta appeso al termosifone per umidificare l'aria. Speravo si scaldasse e mi aiutasse a far salire la temperatura. Con un buon 37,8 l'adunata me la sarei risparmiata. Le prime volte ce l'ho fatta.

Ma poi papà ha capito e allora si sedeva di fronte a me e mi guardava, in silenzio. Io sudavo più per la figuraccia in arrivo che per la febbre, che peraltro non avevo. Cercavo con l'ascella di sfregare la punta del termometro, ma quel diavolo di mercurio non si muoveva di una sola linea.

In verità avevo iniziato le mie manovre diversive fin da balilla. Mi mettevo due dita in gola e vomitavo quel poco che mangiavo. Dopo un po' di volte papà disse a voce alta, come per farsi sentire da tutta la famiglia: «Questo bambino è troppo cagionevole, ci vogliono delle belle iniezioni ricostituenti». E mentre lo diceva, con atteggiamento sadico, agitava la scatoletta di metallo grigio che conteneva la siringa e soprattutto l'ago. «Mamma, metti a bollire l'acqua e prepara l'iniezione. E visto che ci siamo, visto che il bimbo ha lo stomaco ingolfato, gli facciamo anche un bel clistere.»

Lui ha sempre chiamato sua moglie "mamma", in questo riassumendo la sua idea della donna: una persona senza nome, dedita solo alla procreazione che ne sanciva l'unica plausibile identità.

"Ago" e "clistere": quelle due parole hanno devastato la mia infanzia e adolescenza. Insieme a una terza, pronunciata sempre quando avevo fatto una marachella. Peccati veniali: un vaso rotto con il pallone, una macchia sul tavolino. Sentenze emesse sempre al mio indirizzo, mai a quello di mia sorella Margherita, che è la cocca di casa.

La parola funesta, quella che a sentirla tutto si faceva nero, desolato ed enorme, era "collegio". «Ti mando in collegio» era l'apice delle arrabbiature di mio padre. Era l'arma segreta, quella che si dice, ma io non ci credo neanche un po', Hitler stia confezionando in tutta fretta per sconfiggere gli Alleati.

Il collegio per me era il carcere, lo Spielberg di Silvio Pellico, era la fine della vita, l'annientamento della persona. Sono sempre stato – è la ragione per cui sono qui, sotto questo cielo stellato, a invocare storie di libertà – un tipo assai insofferente alle regole ferree, ai divieti, ai *non possumus*, come diceva sempre la mia insegnante di latino, una donna anziana che impiegava una buona metà del tempo della lezione a sfilarsi i guanti dalle mani e l'altra a sistemare la veletta del cappello.

Il collegio era per me la spersonalizzazione assoluta: tutti con la stessa divisa, tutti costretti a obbedire a ordini insensati; il rischio di punizioni corporali per chi disobbediva alle regole stabilite dall'autorità.

Non mi piaceva il collegio, per questo non mi piaceva il fascismo.

Che era, in realtà, un gigantesco collegio. Tutti vestiti

di nero, tutti incasellati, tutti costretti all'obbedienza a un signore, chiamato pomposamente "Duce", che nessuno aveva scelto, ma che era entrato nel cervello di molti e nel cuore di tanti, riducendo le persone a un esercito con la testa bassa, capace di dire solo una parola: sì.

Ma se quelle due lettere suonavano argentine negli anni passati, quando venivo condotto a quel mattatoio del sabato e tutti inneggiavano, moschetto di legno in mano, a quel signore tarchiato che ci dava la merenda, ora i sì erano diventati cupi, come una parola che si usa perché non se ne conoscono o ricordano più altre.

Ora è un sì sfibrato, affamato, impaurito. Un sì che, in verità, significa no.

Non si mangia, si sentono solo notizie di sconfitte e di bombardamenti. Mamma ha una cugina che vive, anzi viveva, a viale Col di Lana a Milano. Nella notte tra il 18 e il 19 dicembre 1940 i bombardieri alleati hanno colpito duramente, dopo più di tre mesi di silenzio. L'allarme è durato dalle 2 alle 4.30: è stata distrutta una cascina ad Assago e colpito proprio il viale Col di Lana (otto morti, sedici feriti). La cugina di mamma è rimasta ferita e, nella lettera che abbiamo ricevuto dopo il fatto, ha infarcito il suo racconto di sfollata con improperi violenti contro Mussolini.

Mamma l'ha letta a voce alta a tutti noi. Ma, io me ne sono accorto, ometteva tutti gli insulti, per non far arrabbiare papà.

La guerra è persa e Mussolini si è fatto fregare da Hitler. Queste due affermazioni corrono ora di bocca in bocca nei mercati dai banchi semivuoti, nelle chiese dove le persone si raccolgono in preghiera per invocare la protezione divina sulla loro casa, nei corridoi degli uffici quando i superiori non sono nei dintorni.

Chissà se succede anche all'agenzia Stefani, dove lavora papà. Lui dice di no. Lui dice che il Presidente ha fiducia nel Duce, che la vittoria è vicina, che a Feltre, nel prossimo incontro, il Führer fornirà a Mussolini particolari di quest'arma segreta che segnerà la vittoria dell'Asse. Il resto è disfattismo, dice lui.

Ma che ne sa, pover'uomo. Gli hanno sempre fatto solo credere e obbedire. Combattere no, tanto che Morgagni aveva raccomandato lo zio Gustavo perché fosse riformato. Al fronte ci dovevano andare gli altri, carne da cannone. I raccomandati del regime, no. Se non è disfattismo questo…

Spesso mi sono chiesto, da quando ho fatto la mia scelta, come mi comporterei se le circostanze della vita mi portassero a trovarmi di fronte a mio padre. Tutti e due armati, come spero presto di essere e come è lui, già da tempo.

Armati, ma su fronti opposti.

Lui per il collegio, io per la libertà.

Gli sparerei? Lui mi sparerebbe? Già il fatto che io mi ponga questa domanda mi fa rabbrividire e piangere. Non succederà, ma se la vita mi riservasse questo scherzo? Lo devo mettere in conto, me lo hanno detto anche i grandi, quelli che decidono, qui.

Io li ascolto e li rispetto. Però, se me lo trovassi davanti, non riuscirei a fargli del male. Mi verrebbero in mente mamma e Margherita, e tutto quello che a quell'uomo in fondo devo. Mi ha cresciuto, curato, permesso di studiare. Lui ha capito la mia scelta, non è scemo. Ma fa finta di niente. Certamente è consapevole che milito nell'antifascismo. Non mi ha denunciato, anzi, credo che abbia mascherato le mie assenze a scuola, sempre più frequenti, con delle giustificazioni inventate, portate direttamente da lui al preside. Forse mi disprezza, forse pensa che sia un ragazzino scemo. Ma certo non mi odia. E neanche io odio lui.

Odio tutti quelli come lui, nessuno escluso.

Ma lui no, non ci riesco.

Non è stato facile, a diciotto anni, scegliere di non essere come sono tutti. Pensare altri pensieri, parlare altre parole, vestire altri vestiti. Essere diverso dagli altri, una macchia di colore in un collegio. E poi cercare quelli come te, cercare senza farti scoprire, cercare in silenzio. Anche qui ci sono le regole, le regole della clandestinità. Anche qui bisogna obbedire, ma almeno si può discutere. E poi sono gli ideali in cui credo.

«Raccontamela ancora, questa storia, ti prego.»

Quella sera, su quel terrazzo di Roma, si vedevano le stelle. Il cielo era perfetto, il suono delle cicale anche.

Il responsabile del nostro gruppo, Pedro, avrà avuto dieci anni più di me, non di più, aprì un libro. «Senti le parole dello scrittore, sono migliori delle mie...»

Oliver Twist e i suoi compagni soffrirono le torture di una lenta inedia per tre mesi: alla fine divennero così voraci ed iracondi, che un ragazzo, alto per la sua età e poco abituato a queste cose (poiché suo padre era proprietario di una piccola trattoria), accennò tristemente ai suoi compagni che, se non avesse ricevuto un'altra coppa di farinata per giorno, temeva che una notte avrebbe potuto mangiare il ragazzo che gli dormiva accanto, se egli fosse stato un giovane ragazzo debole. Aveva degli occhi selvaggi ed affamati; e loro implicitamente gli cedettero.

Era stato dato un consiglio; fu tirato a sorte chi sarebbe dovuto andare dal capo dopo la zuppa quella sera, e chiederne ancora; e fu Oliver Twist. La sera arrivò; i ragazzi presero i loro posti. Il capo, nella sua uniforme da cuoco, era vicino al paiolo; i suoi poveri assistenti si schierarono dietro di lui; la farinata fu servita; ed una lunga preghiera di ringraziamento fu recitata per le scarse razioni di cibo. La farinata scomparì; i ragazzi sussurrarono tra loro e ammiccarono ad Oliver; mentre i suoi vicini gli diedero una gomitata. Bambino com'era, era disperato, affamato ed imprudente con miseria. Si alzò dal tavolo; e avanzando verso il capo, con ciotola e cucchiaio in mano, disse, un po' disturbato nella sua audacia: «Per favore, signore, ne vorrei ancora».

«Per favore, signore, ne vorrei ancora.»

Ribellarsi è giusto.
È così che voglio vivere.

Tre

Certe sere d'estate, quando tutti sono andati via, prima di chiudere la sede, mi piace aggirarmi per le stanze piene di fogli che svolazzano sulle scrivanie, mossi dal vento caldo.

I romani lo chiamano il "ponentino". Io sono abruzzese, conosco solamente il freddo duro, il gelo e la neve, non questa smielatura assai poco virile costituita da una brezza che solletica ma non ha carattere, è indefinibile. Come ogni cosa in questa città, che sembra sempre dormire, ma invece ribolle di parole, di incontri, di trame, di vizi, di potere.

Sono vent'anni, anzi ventuno, che io, Ascenzo De Dominicis, sono qui. Sono arrivato con la marcia del 28 ottobre e mi sono fermato. Noi del fascio abruzzese eravamo molto combattivi. Ne abbiamo fatte di cotte e di crude. Bastonate ai socialisti e ai comunisti, incendi delle loro sedi, olio di ricino a volontà ai dissidenti. Anni belli, quando giravamo con i camion, tutti vestiti con la nostra gagliarda camicia nera, e sognavamo di fare la rivoluzione.

Una volta, a Teramo, un camerata, che guardavamo storto perché era un barone e non un proletario come noi, vide passeggiare un tipo, un sarto, che conosceva. «Un socialista» disse. In effetti aveva un farfallino e questo era un indizio indiscutibile. Lo aggredì e gli infilò un coltello nella pancia. Quello, poveraccio, si teneva l'addome e si trascinò fino all'ospedale, dove morì. Per evitare di essere incriminato il barone finanziò un gruppo di camicie nere che andò all'obitorio per trafugare la salma. La seppellirono in quattro e quattr'otto, cantando *Giovinezza*, in modo che non si facessero autopsie.

I carabinieri si recarono in ospedale, ma per arrestare il morto, accusato di avere provocato il barone.

Sulla tomba i suoi parenti scrissero solo che il sarto, si chiamava Pantaleo, era stato ucciso da "mano assassina". Sul luogo cominciarono a comparire fiori rossi che l'autorità rimosse sostenendo, giustamente, che «non poteva più tollerarsi un simile sconcio, che suonava offesa ai fascisti». Poi il tribunale assolse il barone perché l'assassinio era stato perpetrato per un fine nazionale immediato e non già per motivi esclusivamente personali.

Il nostro capo politico, in Abruzzo, era Acerbo. A noi non piaceva perché era troppo moderato.

Il mio Presidente è invece intransigente: lui è contro Acerbo e tutti i "moderati" che vogliono farsi belli con i salotti e Casa Savoia. Il fascismo è uno, uno solo, ed è quello del Duce.

Anche se a me quel barone della coltellata non piaceva. Lo hanno assolto perché era barone, non solo perché era fascista. Fosse stato un contadino o un operaio come noi, magari una condanna per tacitare i perbenisti gliel'avrebbero pure inflitta.

Qui all'agenzia tutto fila come sempre, o quasi. I redattori si inseguono nei corridoi, con le notizie di guerra in mano. Le portano al direttore Roberto Suster e poi al mio Presidente che le corregge, come fa il Duce, con una matita rossa e blu.

Però c'è un'atmosfera strana, cupa. Come se davvero le cose non stessero andando bene.

Lo dicono tutti a Roma, me lo riferisce mia moglie Maria che sente le donne parlottare, al mercato. Le sente sussurrare che la guerra la stiamo perdendo, che gli Alleati stanno per arrivare e tutte baggianate così. Quando ci troviamo a pranzo o a cena, dipende dai miei turni, lei comincia i suoi racconti con una parola che mi fa impazzire di rabbia: «Dice…».

Chi dice? Chi è la persona? Un nome, un cognome… Sempre questo signor Dice, io credo solo al Duce. Lui le cose le sa, non come le chiacchiere di queste beghine che non possono capire e aprono la bocca solo per darle fiato e ripetono le balle dei mariti antifascisti o disfattisti.

Però qualcosa che non va ci deve essere. L'altro giorno Gasperoni, il capo della redazione esteri, ho sentito che sussurrava a un suo giovane collega, mentre la macchinetta scaldava il caffè: «Sta andando male, i comandi dicono che dovrebbero sbarcare domani o dopodomani».

Poi mi hanno visto arrivare e hanno cambiato discorso, ma io me ne sono accorto. Pensano che io faccia la spia a Morgagni, che li denunci come malpancisti. Sarei stato anche capace, un tempo. Ma ora, non so perché, mi sembra sia meglio occuparmi solo degli affari miei.

Le persone sono corrucciate, inquiete, e la centralinista mi ha detto che il Presidente è furioso perché da tre giorni non riesce a parlare con Mussolini. Non era mai capitato, prima. Che sta succedendo? Gli americani stanno davvero per occupare la nostra Sicilia? E questi bombardamenti che ormai colpiscono tutta l'Italia? Non è che capiterà anche a Roma?

Qualche settimana fa ho preso il coraggio a quattro mani e l'ho chiesto a Sua Eccellenza. Mi ha guardato stupito perché mi ero preso questa confidenza, ha girato lo zucchero nel caffè anche se si era dimenticato di metterlo, e poi mi ha rassicurato, mi ha fatto capire che la presenza del papa è una garanzia e anche quella del Colosseo. Mi sono sentito scemo e un po' allarmista, mi sono vergognato.

Però non mi ha convinto del tutto. Mi ha risposto esattamente come io rispondo a Maria e ai ragazzi quando mi rivolgono la stessa domanda. Ma lui è il Presidente, poteva dirmi di più. La guerra è guerra e magari gli Alleati se ne infischiano del papa e del Colosseo. Sono un popolo giovane, sai quanto possono essere sensibili alla storia antica... E se con i nuovi mezzi riuscissero a bombardare delle zone delimitate della città, se fossero tanto precisi da evitare tonache e monumenti? Noi abitiamo dalle parti di piazza Bologna, non tanto lontano dalla stazione Termini e da San Lorenzo, dove passano i treni. E se quelli sganciassero i loro ordigni nella nostra zona? Come posso dormire tranquillo, con i vetri oscurati, un figlio sciagurato che non so dove va girando e due donne a carico e di cui mi devo occupare?

Oggi Maria mi ha chiamato per dirmi che Margherita non si sente molto bene e mi ha chiesto di prenderle l'Ischirogeno del dottor Cardarelli come ricostituente e il linimento Sloan perché dice che la bambina ha dei dolori lungo il corpo. Spero non sia nulla di grave, forse un'influenza. Un po' strano all'inizio di luglio, ma a quell'età, si sa, sono cagionevoli.

Come il mio Arnaldo, che da bambino spesso si prendeva l'acetone e gli veniva la febbre e il mal di stomaco. All'inizio pensavo che fingesse, tanto che mi sedevo davanti a lui quando si misurava la temperatura e lo minacciavo di fare iniezioni e clisteri. A sentire quelle due parole, povero ragazzo, si faceva passare tutto, ma io, man mano che è cresciuto, ho notato che era sempre più magro, più patito, con le guance scavate e costantemente di cattivo umore. Il dottore mi ha detto che sono le turbolenze dell'età in cui si cambia. Io le risolvevo andando dalle signorine della pensione Bella Stagione a Teramo. Questi qui, generazione di sfessati, si fanno venire le turbe.

Ho anche sentito Arnaldo, che si chiama così non per caso e lo sa, inveire contro il Duce. Ho origliato quello che lui e Margherita si dicevano nella loro camera, ho schiacciato l'orecchio alla porta per essere certo di aver capito davvero le parole di quel marmocchio a cui ho fatto l'onore di essere figlio della Lupa, poi balilla e infine avanguardista. Anche se avevo notato che veniva alle adunanze di cattiva voglia o accusava malanni che un po' erano, come si dice, psicologici e un po' erano reali. Ma non avrei mai immaginato di sentirgli dire che il fascismo era la rovina dell'Italia e che Mussolini doveva andarsene al fronte, come i soldati che morivano in Russia. Volevo aprire quella maledetta porta e cantargliene quattro, ma poi Maria mi ha visto e, povera donna, mi ha convinto a staccarmi da quell'uscio.

«Sono ragazzate» ha detto. Ma da allora quel figlio mi sfugge, si è fatto ribelle, non obbedisce agli ordini, sta poco a casa e ritorna tardi. Quando ritorna, nonostante il coprifuoco. Si metterà nei guai e non mi chieda allora di intercedere presso Sua Eccellenza. Se deve andare a Regina Coeli ci vada, non avrà raccomandazioni.

Con Maria non facciamo l'amore da prima dell'entrata in guerra, troppe preoccupazioni e Margherita in casa. E allora, quando siamo a letto, parliamo. La sera delle stravaganze antifasciste di Arnaldo lei mi stava raccontando che anche altre mamme vedevano gli stessi fenomeni nei loro figli: «Dice...».

L'ho guardata severo e lei si è fermata. Poi però ha proseguito: «Dice Assunta, la portiera di via Bari, che nel suo palazzo ci sono almeno tre giovani strani, che non sono fascisti, e allora la verdumaia ha confessato che anche suo figlio parla male di Mussolini. Ma è l'età, sono ribelli. In fondo anche tu lo eri, no? Andavi in giro a dar mazzate...».

A questo punto non ho risposto, anche perché non sapevo cosa dire, e mi sembrava più virile e autorevole tacere, come indignato, e spegnere la luce. Filtrava dell'aria tiepida dai pertugi delle finestre oscurate. Maria si è addormentata subito, stanca com'è.

Io invece sono rimasto a pensare a quella frase di Gasperoni: «Dovrebbero sbarcare domani o dopodomani».

Balle disfattiste.

Almeno credo.

Quattro

"Perché odio gli inglesi." Io non so cosa rispondere, non so cosa scrivere. Ma è un tema da dare per l'estate a una ragazza di quattordici anni? Cosa le è saltato in mente alla professoressa? Io non li odio, gli inglesi, perché mai dovrei? Ci saranno, a Londra, ragazze come me e bambini impauriti, mogli di soldati al fronte e genitori di figli morti in battaglia. La guerra non mi piace, mi fa tristezza. Non ha nulla di bello e non sai mai chi ha ragione. È nera, una notte scura. È un tempo che non vedi l'ora chc finisca. Come una malattia.

La guerra ha cancellato tutto quello che vivevamo in allegria: i picnic con i panini al Parco della Rimembranza, le festicciole con i compagni di classe, le gite fuori porta, la cena con i tavoli sul marciapiede da sor Alfredo che cucina una pasta alla carbonara che ci rendeva allegri, tutti e quattro.

La guerra ha cambiato papà, ora è sempre preoccupato e nervoso, Arnaldo è diventato un cavallo imbizzarrito e mamma si strugge nel cercare cibo per noi. Non vedo l'ora che finisca, questa guerra che ci hanno insegnato a invocare. Ma la guerra è bella quando non c'è, solo quando non c'è.

Il padre di Elisa, la mia compagna di classe, è sparito. È partito per la Russia e non è tornato. Neanche morto. Non se ne sa più nulla, in famiglia non conoscono il suo destino, la mamma va ogni giorno alla stazione con la foto di suo marito, sperando che qualcuno lo riconosca. Elisa mi ha fatto leggere le ultime lettere che ha ricevuto dal padre, ormai diversi mesi fa. Mi sono tornate alla mente pensando al tema che quella scellerata di professoressa ci ha assegnato. Neanche lui, che stava al fronte, odiava i suoi nemici, i russi. Era solo stanco, tanto stanco.

Il papà di Elisa scriveva che non ce la faceva più. Che aveva freddo e fame, che le armate italiane erano senza munizioni e senza mezzi di trasporto, che le divise erano inadeguate per il gelo, che molti suoi commilitoni stavano scappando e tanti, tra cui un ragazzo di Tolmezzo con cui aveva fatto amicizia, erano morti.

Ho copiato un pezzo dell'ultima lettera, che mi ha molto impressionato:

> ... Il freddo era feroce: con milioni di trafitture ci penetrava negli orecchi, sotto il passamontagna, e, di quando in quando, dovevamo sfilare le mani che tenevamo costantemente riparate, assieme alle bombe, nelle tasche del pastrano, per frizionarci vigorosamente il naso con un'operazione quanto mai dolorosa. I piedi sembravano attanagliati dagli scarponi ed avvertivamo la carne formare un tutto unico con le calze. Sovente,

approfittando di qualche punto più riparato, pestavamo forte i piedi sulla neve e li sbattevamo l'uno contro l'altro cercando di muovere le dita... Sotto le isbe di Deresowka, mi sfilai la borraccia ed ingollammo una buona sorsata di cognac. Per berlo era una impresa. Guai se le nostre labbra fossero venute a contatto con il metallo; freddo com'era, ci avrebbe profondamente ustionato, strappandoci lembi di carne. Dovevamo, perciò, con estrema cautela, farcelo colare direttamente in gola, dove bruciava facendoci restare senza respiro. Ci asciugavamo poi, in fretta, le eventuali gocce, perché altrimenti la pelle, già tesa dal freddo sino a spezzarsi, si sarebbe aperta in profonde e dolorose screpolature.

Queste parole mi hanno molto impressionata e le ho lette ad Arnaldo, una sera, prima di dormire. Lui si è infuriato, ha cominciato a battere i pugni sulle lenzuola. Era una vergogna che, mentre quella povera gente soffriva e moriva, i gerarchi responsabili di averli mandati al massacro facessero la bella vita e Mussolini se ne stesse tra gli agi dei giardini di Villa Torlonia. Ha detto che era una guerra assurda, che la stavamo perdendo miseramente per andare appresso a quel pazzo di Hitler e che bisognava fare qualcosa.

Ma io, Margherita, cosa posso fare? Pensavo a Elisa che piangeva mentre mi leggeva la lettera e a suo padre che chissà dove era, se era. Ad Arnaldo non ho letto, per non farlo arrabbiare di più, un altro passaggio, in cui il papà della mia compagna diceva di aver familiarizzato con i russi. La gente di quelle campagne, i nemici, era disposta ad aiutarli. Per una medaglia o un caricatore era disposta a cedere una gallina o delle uova.

Anche loro cercavano pane, anche loro erano affamati e disperati.

Ho letto i brani della lettera anche a Franco. Lui è più grande di me di quattro anni e forse per quello mi è sembrato che non volesse dare importanza a quelle parole. Non si è di certo commosso né indignato. Ha alzato le spalle e ha detto solo che la guerra è così, come se la cosa non lo riguardasse. Mi ha sorpreso, ma devo dire che avevo pensato di farlo struggere con quelle parole, in primo luogo perché si accorgesse di me. Invece niente, mi ha trattato come una bambina. Lui guarda quelle più grandi e questo non mi va giù. Se sapesse che ieri, 8 luglio, sono diventata donna…

Papà dice che quelli belli sono scemi, ma forse lo dice perché lui sa di non essere un adone. Se però è vero, Franco deve essere molto stupido, perché è meraviglioso. Quando cammina sembra voli, capelli biondi e lineamenti perfetti. Tutte le ragazze della scuola sono innamorate di lui. E lui ne è consapevole, perché si muove come un pavone. Io sono piccola, anzi lo ero, ma devo riuscire a baciarlo, prima o poi.

Così deve sposarmi, dopo.

Anche Elisa, ora che la scuola è finita, tutte le mattine va alla stazione Termini con la mamma. Porta con sé una foto del padre in uniforme, in modo che sia più riconoscibile. Passano delle ore lì, sui binari, e spesso le guardie le mandano via. Non sono sole, ci sono decine di mamme e mogli che fanno la stessa cosa. Domani voglio andare con lei, almeno le faccio compagnia. E se hanno un'altra foto del papà anche io la voglio mostrare a quei ragazzi che tornano.

Faccio finta di avere un padre eroe di guerra, mentre il mio è usciere all'agenzia Stefani. Quella che dice che in Russia stiamo combattendo ad armi pari e che i russi alla fine perderanno. Non so se sperare che abbiano ragione. Sono stanca di questa vita e di parlare solo di guerra, bombardamenti, morti, cibo da trovare.

Qualcuno vinca, qualcuno perda, ma finisca, una volta per tutte. Voglio togliere la carta blu dalle finestre e poterle aprire per respirare l'aria delle serate romane.

Non è così che dovrebbero vivere le ragazze della mia età. Dovremmo poter sognare Massimo Girotti o Alida Valli, cantare le canzoni di Rabagliati o del Trio Lescano e ballare nelle strade agitando le nostre belle gonnelline a fiori con i calzettoni bianchi.

Mamma mi ha dato da mettere dell'ovatta per mascherare il sangue che mi cola sulle gambe. L'ho fatto, ma si deve essere spostata e così ho macchiato proprio i calzettoni. Me ne sono accorta perché per strada mi ha guardato in basso un signore che poi ha sorriso con uno strano ghigno. Stavo andando all'edicola a comprare la rivista «La Donna» che mi piaceva tanto perché dava consigli alle ragazze e alle donne su come truccarsi e pubblicava dei vestiti bellissimi, da sogno, ma ora insegna solo come riciclare gli abiti e rammendare le divise. Quando mi sono accorta delle macchie sono tornata sui miei passi e di corsa ho riguadagnato casa. È difficile essere donna. Mi sento anche strana, debole, ho mal di testa.

Forse era meglio restare ragazza.

O forse no.

Ho detto a papà che uno di questi giorni voglio andare con Elisa alla stazione Termini.

Me lo ha impedito. Mi ha detto solo: «No».

Io gli ho chiesto perché.

Lui mi ha risposto, infastidito: «È pericoloso».

E non ha più detto altro.

Cinque

Forse tutto è cominciato l'anno scorso a ricreazione, sarà stato dicembre. Giovanni, un ragazzo che come me faceva l'ultimo anno, mi ha preso da parte in cortile. Parlava piano, sembrava un cospiratore. «Arnaldo, sai tenere un segreto?» «Certo, Giovanni» gli ho risposto, incuriosito ed emozionato. Quella situazione mi piaceva enormemente. Mi piaceva che un compagno di scuola più grande si rivolgesse a me e mi volesse mettere a parte di una confidenza, forse persino di un segreto. Mi domandai, in quegli istanti, se la rivelazione che stava per farmi riguardasse gli insegnanti, filarini tra studenti o, magari, qualcosa di più importante.

Da tempo, infatti, si diceva a scuola che molti ragazzi fossero antifascisti e organizzassero spesso riunioni per parlare e definire azioni contro il regime. Non si capiva se queste chiacchiere fossero leggenda o verità.

Nessuno ne parlava facilmente, perché anche tra noi c'era sempre la sensazione che qualcuno potesse fare la spia, raccontando a qualche genitore fascista quello che si diceva nei corridoi, durante la pausa tra le lezioni. In particolare c'erano alcuni della seconda B che stavano sempre tra loro e guardavano in cagnesco i compagni di terza che sembravano, fin dal modo di vestire e di pettinarsi, lontani dallo stereotipo dominante.

Devo dire che dal primo anno in cui sono arrivato, l'ottobre del 1938, il numero degli espliciti sostenitori del fascismo, dei più fanatici, si è progressivamente assottigliato. Dopo l'inizio della guerra i ragazzi che vengono a scuola in camicia nera sono diventati davvero pochi. Prima, la mattina al portone, era una specie di fiume di petrolio. Ora si vedono tanti colori, ed è un bene.

Mio padre, che ha la quinta elementare, si è commosso come un bambino quando mi ha accompagnato a scuola per il primo giorno di ginnasio. A pranzo poi ha voluto sapere tutto del mio battesimo nella "scuola dei grandi", come lui la chiama. Era pieno di orgoglio e mi ha fatto persino bere, per la prima volta, un po' di vino, come fa sempre quando ci sono quelle che lui reputa le occasioni eccezionali. Mentre lo versava si è fermato con la bottiglia in orizzontale, ha asciugato con l'indice la goccia che era rimasta a pencolare, si è passato il dito sulle labbra utilizzando quella pausa inconsapevolmente teatrale per dire la frase che covava da tempo, quella che nelle sue intenzioni doveva servire a me e a Margherita come ammaestramento alla vita. Era uno di quei momenti in cui i genitori pensano che i figli siano animali da addestrare e rifilano sentenze che non ammettono replica ma che, solo per il fatto di provenire da chi ha le rughe sul volto e ti ha dato il suo sangue, devono essere, dai malcapitati ragazzi, considerate verità rivelate.

Quel giorno, l'undicesimo comandamento fu così eternalizzato: «Dicono tanto del fascismo, ma Arnaldo è la prova vivente della grandezza del regime e dell'opera del Duce. Io ho faticato in Abruzzo a finire le elementari perché papà voleva che andassi nei campi a lavorare e non perdessi tempo con i libri. Ora sono a Roma, ho un lavoro, una casa in affitto e due figli che studiano. Uno, da oggi, persino nella scuola dei grandi».

Finita la frase, aggiunse un piccolo movimento verso il basso alla bottiglia che ricominciò a versare, stavolta nel bicchiere di mamma, il liquido rosso vermiglio. Tutti brindammo, Margherita con l'acqua, e sorridemmo.

Mentre mandavo giù il vino e pensavo che non mi piaceva affatto, mi trovai però a mettere in dubbio le tavole della legge di mio padre. Pensai che comunque, se tutto quello che lui raccontava era successo, si doveva anche alla posizione privilegiata in cui lui si trovava. Perché era fascista, perché lavorava alla Stefani, perché faceva ogni tipo di servizio al suo Presidente.

Pensai che dovevo più a Morgagni che a Mussolini se, diversamente da altri ragazzini che stavano con me alle elementari, io avevo continuato gli studi.

Il mio compagno di banco fino alla quarta era un bambino, Benito, che un giorno non è più venuto in classe.

Da allora lo trovavo tutte le mattine curvo su una specie di incudine a battere con il martello le suole di scarpe che suo padre, il calzolaio del quartiere, gli stava insegnando a riparare. Ogni giorno passavo davanti al suo negozio e lo osservavo a testa in giù, con indosso un camice da lavoro troppo grande per lui. Quando avevo undici anni e andavo a scuola acceleravo perché mi vergognavo, non volevo che vedermi con la cartella gli facesse male, lo facesse sentire meno di quello che invece era.

Suo padre non conosceva Morgagni e lui quindi, invece di fare le declinazioni latine, batteva e ribatteva le suole. Benito era studioso e intelligente, mi piaceva molto. Al ginnasio, quando passavo vicino alla sua bottega, mi fermavo e lo chiamavo. Gli facevo un saluto e lui, alzata la testa, mi sorrideva mogio: «Ciao, Arnaldo, buona scuola». Qualche volta trascorrevo da lui anche il pomeriggio e, se il padre non c'era, gli raccontavo quello che studiavamo in classe e gli mostravo libri e quaderni. Mi ero messo in testa che dovessi dividere con lui quello che apprendevo, che la mia fosse una specie di scuola privata che facevo per lui.

Un giorno però trovai la saracinesca tirata giù e il lattaio vicino mi disse che la famiglia di Benito si era trasferita in campagna, dove c'è più da mangiare. Mi è dispiaciuto molto e spero prima o poi di rivederlo. Tra l'altro lui dovrebbe rispondere alla leva del 1925. Toccherà pure a me, anche se papà ha detto di averne già parlato a Morgagni, che vedrà cosa si può fare. Non vuole che vada in guerra e io ancora di meno, perché, diversamente da lui, sono contrario al conflitto e, se proprio dovessi prendere le armi, lo farei semmai volentieri contro i nazisti e quel cialtrone di Hitler.

Ma questo mi sa che non glielo dico, a papà.

Quando Giovanni, il mio amico di terza, mi chiese se sapevo tenere un segreto evidentemente si era fatto l'idea che potessi farlo, altrimenti non avrebbe rischiato.

Avevo il fiato sospeso, feci cenno di sì con la testa, la voce neanche mi usciva. Giovanni si fermò in silenzio un momento, come per rendere più solenne il mio impegno e la sua prova di fiducia. Si guardò intorno e poi disse, piano piano: «Mi ha raccontato mio cugino, tuo compagno di classe, che tu spesso vieni a scuola con dei libri americani. Che leggi Saroyan, Hemingway, Dos Passos...».

«Sì, mi piacciono molto, a fine lezione vado a Villa Borghese e mi infilo nelle loro storie, parlano di un mondo che non conosco, che mi incuriosisce...»

«Ecco, allora volevo dirti una cosa, che però devi tenere segreta. Conosci la Sala Pichetti a via Velletri?»

«Sì, è quella dove vanno le domestiche nel giorno libero e i militari, no?»

«Esatto, proprio quella. Ma la domenica mattina, quando c'è meno controllo di polizia, apre per noi studenti. Anzi, per alcuni di noi. Lo fa in segreto, sai perché?»

Stavo per inoltrarmi in un intrigo, stavo per venire a sapere qualcosa che altri non sanno. Mi piaceva un sacco, tutto questo. Davvero una cosa da "scuola dei grandi".

Questa volta scossi la testa per dire di no, il cuore andava per conto suo.

«... Perché la domenica mattina c'è una formazione jazz che suona la musica swing, musica proibita. Eseguono brani di Glenn Miller come *In the Mood* o *Chattanooga Choo Choo* e poi quelli di Duke Ellington e

Benny Goodman. Siamo in pochi, fidati, anche qualche ragazza. Stiamo lì, ascoltiamo, immaginiamo e balliamo, balliamo tanto. Ti va di venire? Però non devi dire niente a nessuno e devi contribuire con qualche soldo, dobbiamo pagare l'orchestra. Rischiano molto... È pericoloso per loro e anche per noi. Possono pensare che siamo dei sovversivi. Ma noi vogliamo solo ballare e divertirci.»

Respirai forte e non ebbi dubbi. Pensai al mio porcellino salvadanaio e risposi subito: «Conta su di me, Giovanni. Non ho mai sentito quella musica, ma so che mi piacerà. Stai tranquillo. Non dico niente a nessuno, non sono mica scemo. E porterò i soldi».

Faceva bene Giovanni a pensare che quella innocente musica fosse solo un pretesto per divertirsi e ballare con le ragazze.

Per me, però, era molto di più.

Non lo sapevo ancora, ma stavo diventando un po' come Oliver.

Oliver Twist, il ribelle della minestra.

"Per favore, signore, ne vorrei ancora."

Sei

«Stanno sbarcando, cazzo, stanno sbarcando!» Antonacci, il redattore dei bollettini di guerra, si è messo a correre come un forsennato verso la stanza del Presidente Morgagni. Ma lui aveva lasciato l'agenzia, ovviamente. Sono le dieci e mezza di sera. Anche il direttore Roberto Suster aveva raggiunto la sua abitazione.

Insomma, ci sono solo io, che starei per andar via, finalmente. Ma Antonacci è cianotico, mi dice che dal Supercomando lo hanno avvertito che gli Alleati hanno iniziato le manovre per prendere la Sicilia. «Che facciamo?» mi chiede. Lui è un giovane redattore, uno di quelli appena assunti. Lavora di notte per fare la gavetta. Ma queste non sono notti normali, dovrebbe saperlo quel tordo di Suster. Io di lui non mi fido, non mi è mai piaciuto.

È arrivato qui dopo lo spiacevole incidente del dicembre del 1940, credo fosse il 7. Era successo che, nel momento in cui il maresciallo Badoglio aveva annunciato le sue dimissioni da capo di Stato maggiore generale, l'agenzia Stefani fosse incorsa nello spiacevole errore di allegare alla notizia un dettagliato corredo biografico che ai vertici del regime era apparso agiografico. Cosa intollerabile, viste le circostanze.

Nei giorni successivi, all'interno degli uffici della redazione, circolava, quasi come un documento segreto, il testo della lettera che il ministero della Cultura popolare aveva indirizzato al Presidente Morgagni e al direttore Carlo Camagna. Pare fosse stato quest'ultimo, costretto alle dimissioni, ad averla fatta trapelare tra i suoi fedelissimi. I quali, naturalmente, ne avevano fatto oggetto di una specie di voce da telegrafo senza fili.

Si diceva, nel testo vergato dal ministro Pavolini:

> Errore di gravità imperdonabile, non soltanto perché comprovava un'abulicità giornalistica e politica inammissibile, ma anche perché dimostrava la più pericolosa leggerezza, dato che esisteva una precisa disposizione del ministero della Cultura popolare con la quale si vietava la pubblicazione di qualsiasi dato biografico del maresciallo, disposizione che non si poteva ignorare.

Ricordo perfettamente quel giorno.

C'era febbre nei corridoi, un vociare inquieto nelle stanze dei giornalisti, il deserto nell'ufficio, di solito sempre pieno di vita, del Presidente. Quella porta era chiusa da ore e nessuno osava bussare. A un certo punto si aprì lentamente e molti redattori, che sbirciavano curiosi e inquieti dalle porte dei loro stanzoni, rientrarono di corsa ai propri posti e si misero a ticchettare freneticamente sui tasti delle macchine da scrivere.

Il povero Camagna, letta, compulsata e sezionata la missiva, ruppe gli indugi e comparve nel corridoio. Aveva un foglio in mano. Si guardò intorno e avvertì che qualcosa, un movimento furtivo, lo aveva preceduto ma, in realtà, sperava solo di non incontrare alcuno sguardo, di non dover dire parole o rispondere con cenni vari all'imbarazzo degli astanti.

Camagna aveva la evidente, legittima sensazione di star partecipando al proprio funerale.

Per lui, dopo quelle parole, la vita alla Stefani era giunta al termine.

Evitò il mio sguardo, peraltro basso, e bussò alla porta del Presidente. Anche Sua Eccellenza, da quando gli avevo portato quella lettera urgente, non aveva più parlato con nessuno. Forse gli era bastata la telefonata di Pavolini che gli aveva passato la segretaria. Si sentivano attraverso la porta le sue scuse imbarazzate, i suoi «È gravissimo, non si ripeterà più», «Non capisco come sia potuto accadere», «Prendo subito le determinazioni necessarie a punire i responsabili, senza guardare in faccia nessuno», «Spero che questo non possa minare la fiducia del Duce e vostra nel lavoro dell'agenzia».

Poi il silenzio, fino a quando non si aprì la porta, dopo il lieve tocco di Camagna. Anzi il silenzio proseguì. Perché il direttore si trattenne solo una manciata di secondi nella stanza di Sua Eccellenza. Non sentii profferire parola. Quando la porta si riaprì, Camagna non aveva più il foglio in mano. Era bianco in volto, si fermò solo un istante nel suo ufficio, prese quello che evidentemente aveva preparato e, senza salutare nessuno, imboccò le scale.

Pensai al Natale, ormai prossimo, di quel pover'uomo che soltanto da un anno, dopo essere stato valente corrispondente da Londra, aveva ottenuto la nomina a direttore. Per lui le porte del regime si sarebbero chiuse, per sempre. Quel Natale del primo anno di guerra sarebbe stato triste per Camagna e per la sua famiglia.

Passò un mese dal giorno delle dimissioni di Camagna e Sua Eccellenza Morgagni nominò un nuovo direttore nella persona di Roberto Suster, che era stato corrispondente a Berlino e quindi aveva, con l'alleato nazista, degli ottimi rapporti.

Il prescelto riunì tutta la redazione nel salone della presidenza e tenne un lungo discorso. Io non potevo ovviamente partecipare ma, come altri, ero nella stanza attigua e, visto che la porta del salone era rimasta aperta per contenere meglio la gran folla, ascoltai le parole del nominato: «La nostra agenzia è, oggi, altrettanto importante quanto una batteria di cannoni che deve sparare al momento giusto. E sparare diritto, quando il bersaglio è nel mirino. Artiglieri, pezzi e munizioni devono essere sempre perfettamente a punto. Se al segnale del fuoco l'artigliere non è presente e le munizioni non sono ben preparate, la nostra batteria sarà inefficace e il nemico ci sparerà addosso. Quando noi, e speriamo presto, avremo vinto questa guerra, non avremo assolto totalmente il nostro compito. Dovremo abituare il mondo a considerarci e a trattarci come vincitori. E questo sarà il compito più difficile».

E poi aveva concluso con enfasi eccessiva, anche per me: «Amici miei, quando ognuno di noi sarà vecchio, il suo più grande orgoglio sarà quello di poter dire: "Ho lavorato in quel periodo a creare questa situazione, ho vissuto e lavorato nel tempo di Mussolini!"».

Ma a me quel tipo non era mai piaciuto e ho l'ardire di pensare che neanche a Sua Eccellenza garbasse tanto. Era un tipo azzimato, viscido, non avrei acquistato una Balilla da lui.

Antonacci, sempre più agitato, ha insistito per chiamare il direttore a casa. L'ho fatto, ma nell'appartamento della famiglia Suster non ha risposto nessuno. Allora mi sono arrischiato a chiamare il mio Presidente. Mi ha risposto la signora Bice: «Che succede, Ascenzo, perché chiamate a quest'ora?».

«Scusate, signora, ma un redattore deve comunicare urgentemente una notizia grave a Sua Eccellenza.»

È passato un tempo molto lungo, sentivo strisciare le pantofole o le pianelle lungo un corridoio evidentemente infinito. A casa mia ci sarebbe voluto un minuto, tutto è vicino. Il Presidente è arrivato al telefono, dopo la lunga traversata, irritato: «Che succede, perché mi disturbate?».

«Scusate, Eccellenza, vi passerei il redattore, camerata Antonacci, che deve conferire con voi per una notizia che giudica grave. Ho provato a chiamare il direttore Suster per non disturbarvi, ma non l'ho trovato...»

«E ti pareva. Quindi io sarei il sostituto del direttore per voi? Passatemi Antonacci, senza indugio.»

Il giovane redattore prese il telefono con le mani tremanti, sfogliando un blocco degli appunti: «Eccellenza, scusate il disturbo ma dal Supercomando mi hanno informato che gli Alleati hanno iniziato le operazioni di sbarco in Sicilia».

«Cazzo! Mi avevano assicurato che li avremmo respinti sul bagnasciuga. Chi vi ha dato la notizia?»

«Ho chiamato l'ufficiale di turno, come faccio sempre quando attacco servizio. Mi ha detto che il generale Ambrosio aveva telegrafato, le leggo testualmente: "Si segnala che appare evidente che nemico habet iniziato operazioni di sbarco in Sicilia". Però il Supercomando riferisce una comunicazione del generale Guzzoni che dalla Sicilia fa notare che ci sono condizioni di mare impossibili e che» Antonacci compulsò il suo taccuino per essere preciso nella citazione con il Presidente «"hanno mare per traverso e basta che un'imbarcazione si avvicini alla riva perché si metta di traverso e rischi di rovesciarsi".»

«Cazzo, la cosa è seria. Ripassatemi De Dominicis. Ah, Antonacci…»

«Sì, Eccellenza?»

«Si chiamano "i nemici", non "gli Alleati". È chiaro?»

Sette

Gli orti di guerra spuntano ovunque. Papà ha insistito perché anche la famiglia De Dominicis ne curi uno, obbedendo alle disposizioni del segretario del partito. Perciò abbiamo cominciato a coltivare pomodori sul terrazzo del condominio, in un piccolo spazio che ci è stato concesso. Qualcuno ne è spuntato, ma, in verità, come nascono, spariscono.

Papà dice che va bene lo stesso, tipo oro alla patria.

Mamma ha voluto anche che mettessimo in casa, in terrazzo non si fida più, un pollaio di guerra. Ma il pollo Giacomo, chissà perché papà ha voluto chiamarlo così, è rimasto da solo, perché non se ne sono trovati altri e nessuno ha il coraggio di ammazzarlo. Gira per casa come fosse il padrone, con aria tronfia. Ma credo morirà di vecchiaia, spero prima di noi.

In tutta Roma ogni spazio verde viene adibito alla coltivazione. Alla Città Universitaria hanno raccolto duecento quintali di patate e ottanta di fagioli, a Piazza di Siena si coltivano insalata e piselli. E brave persone fanno crescere ortaggi a via dell'Impero, a Castel Sant'Angelo, al Colle Oppio, alle Terme di Caracalla.

Al Circo Massimo si trebbia, addirittura. Quando ci sono passata, di recente, con il filobus, stavamo andando con mamma dal dottore, mi sono ricordata di quando ci facevo il bagno, nelle piscine. Bei tempi, anche se sono passati solo quattro anni. Che ora mi sembrano un'eternità.

C'era, al Circo Massimo, un bellissimo stabilimento, un vero e proprio villaggio balneare. Nel 1939, per l'inaugurazione, papà aveva avuto i biglietti dal Presidente e mi ci portò. Era il mio compleanno, compivo dieci anni. Anche Arnaldo voleva venire, a tutti i costi, ma papà scelse me. A lui disse che sarebbero andati insieme un'altra volta, ma non è mai successo.

Papà mi ha raccontato che prima, al Circo Massimo, c'erano allestiti dei grandi padiglioni, che ospitavano mostre, come quelle dei minerali o del dopolavoro, con grandi palazzi e aree per le esposizioni. Ma nel 1939, per l'estate, decisero di costruire un enorme spazio pieno di aree sportive, campi, piscine, piste di pattinaggio. Io, fosse stato per me, ci avrei passato tutta la vita. Ero entusiasta.

Quando sono tornata a casa invece non ho potuto raccontare la mia gioia, per non ferire Arnaldo. Lui non mi ha mai chiesto nulla di quella giornata, che è solo nella mia memoria. E in quella di papà, che era così orgoglioso, anche perché Starace gli aveva persino stretto la mano, passando.

Al cinema poi ho visto una volta un cinegiornale Luce che raccontava come nel villaggio balneare del Circo Massimo fosse stata ricostruita una casa coloniale "circondata da un suggestivo, autentico scenario africano, dove non manca un tucul intorno al quale si aggirano scimmie e gazzelle". Avrei dato tutto per andarci, ma sapevo di non poter neanche chiederlo, almeno fino a quando anche Arnaldo non fosse andato lì a fare, almeno una volta, il bagno.

Ora però, dove noi ragazzi nuotavamo e ci divertivamo, ci sono le trebbiatrici. Delle piscine e delle risate allegre dei giovani non c'è più traccia. È stato tutto demolito: adesso è un'area brulla, un grande campo buono per il grano necessario a fare il pane che manca sulle nostre tavole.

Forse è meglio così.

C'è poco da ridere, in questi tempi.

E, soprattutto, c'è poco da mangiare.

Quel pomeriggio di quella indimenticabile giornata, vorrei compiere dieci anni per tutta la vita, papà e mamma si vestirono bene, misero a me e ad Arnaldo gli abiti della festa e con il tram andammo a uno spettacolo. Anche questo era circo. Ma quello con gli acrobati, i prestigiatori, gli animali feroci. Papà va pazzo per questi spettacoli. Ci ha raccontato di aver visto una volta i Fratellini. Questa è una storia che mi piaceva molto, quando lui la raccontava. Erano tre fratelli e si chiamavano Fratellini. Non è strano? Erano dei clown molto divertenti. Pare fossero irresistibili, che facessero morire dal ridere. Papà aveva tenuto anche un ritaglio di giornale che poi ci aveva trasmesso, con una vera cerimonia, come fosse un cimelio da eredità.

Stanno per arrivare a Roma i Fratellini

i tre più grandi "clowns„ del mondo

[illegible]

ALBERTO

FRANCESCO

PAOLO

DOMENICA PROSSIMA

nelle nostre appendici

un nuovo grande romanzo

destinato

AL PIÙ STREPITOSO SUCCESSO

Alberto, Francesco e Paolo erano i suoi idoli, con quei grandi nasi colorati e il trucco pesante. I Fratellini. Ma il mio, di fratellino, invece non sopportava i clown. È più grande di me, è maschio, dovrebbe dare l'esempio del coraggio. Invece il giorno del mio compleanno piantò una storia assurda quando sulla pista circolare comparvero i pagliacci e mio padre iniziò a sbellicarsi, in un modo che imbarazzava anche me. Arnaldo invece piangeva, cosa strana per un ragazzo di quattordici anni. Piangeva di paura, in modo quasi isterico. Mio padre se ne accorse e gli mollò un ceffone. «Ridi» gli urlava. E più gridava e lo picchiava e più Arnaldo piangeva. Era terrorizzato. Preferiva gli schiaffi a dover guardare «quei poveri cristi che dovevano umiliarsi per far ridere gli altri», come mi disse la sera, a luce spenta, prima di dormire. La mia impressione è che papà sentisse, da parte di Arnaldo, il rifiuto di una sua passione come un atto di ribellione. A me invece piaceva, il circo. E mi piacevano molto anche i clown. Non lo facevo per compiacere papà, che si sentiva umiliato. No, mi facevano ridere.

Però mi fece tristezza quando, alla fine del loro numero, i pagliacci si disposero in fila in mezzo alla pista e fecero il saluto al Duce. Mi sembrò grottesco. Ma papà era fiero e rispose con il braccio alzato, anche lui.

Oggi è il 18 luglio. È il compleanno di Gino Bartali. Il beniamino di Arnaldo. Mio fratello ha nel cassetto della sua scrivania tutti i ritagli che riguardano questo ciclista, mille foto e articoli.

Lui lo preferisce a quell'altro, Coppi. Dice che gli

sembra più un figlio del popolo, Gino. E l'altro invece ha l'aria da signorino, con quel petto in fuori. E allora io, per compiacere Arnaldo, tifo Bartali e fingo di essere appassionata, quasi esperta. Così abbiamo qualcosa in comune, qualcosa che ci lega, di cui possiamo parlare. Quando si affronta il discorso ciclismo, a mio fratello si illuminano gli occhi, lo so.

L'ultimo Giro d'Italia che si è svolto se lo era aggiudicato Coppi, ma Bartali ne aveva vinti di più, prima, e persino un Tour de France. Correvano per la stessa squadra, ma non erano amici. Secondo Arnaldo sono rivali, non si vogliono bene. L'ultimo Giro, quello del 1940, si è concluso il giorno prima che Mussolini dichiarasse l'entrata in guerra dell'Italia. Bartali aveva vinto la tappa del giorno antecedente ma Coppi si era aggiudicato la competizione finale.

Papà è corso a piazza Venezia, il 10 giugno. Voleva che andasse anche Arnaldo, ma lui disse di avere la diarrea e infatti quel giorno stette ore in bagno. Noi sentimmo tutto alla radio.

Noi, tutto e tutti.

Nel condominio, attraverso le finestre aperte di quel giorno caldo, da ogni appartamento usciva solo una voce: quella di Mussolini. Quando il Duce disse che la dichiarazione di guerra era stata consegnata agli ambasciatori nemici io ho guardato mamma e ho visto che aveva gli occhi lucidi, anche se li copriva con lo zinale a scacchi che porta sempre in casa.

Quando il Duce scandì, tra le ovazioni della gente che era in piazza: «La parola d'ordine è una sola, categorica e impegnativa per tutti. Essa già trasvola ed accende i cuori dalle Alpi all'oceano Indiano: Vincere! E vinceremo...», si sentì distintamente, sonoramente, il rumore dello sciacquone che Arnaldo aveva tirato usando la cordicella con il pomello di legno rosso alla fine.

Ma non uscì dal bagno, urlò che stava male e così fece anche al ritorno di papà. Non avevo mai visto mio padre così contento, euforico, persino rubizzo. Perché dopo la manifestazione era andato a bere con gli amici dell'agenzia. Non stava nella pelle, disse che Mussolini era un genio, che aveva scelto il momento giusto, che Hitler era imbattibile e che noi ci saremmo seduti con poco sforzo al tavolo dei vincitori e avremmo spartito con il Führer tutta l'Europa e forse il mondo intero. Avremmo combattuto una guerra lampo e questo avrebbe assicurato anche a Margherita e Arnaldo, disse proprio così, un futuro di ricchezza.

Mio fratello, dal bagno, tirò di nuovo lo sciacquone e questa involontaria sincronia non fece un bell'effetto. Mamma sorrideva un po' mesta alle parole del marito ma io, che la conosco, so che non era contenta.

Forse a una madre, a una donna, la parola "guerra" non piace. Piace agli uomini, ai padri, che sono abituati, fin da bambini, a regolare i conflitti non con le parole e i gesti, ma dandosele di santa ragione.

Quella sera Arnaldo uscì dal bagno solo dopo che i nostri genitori erano andati a letto. Io non lo sentii arrivare, la luce nella stanza era già spenta. Ma avvertii la sua presenza quando le nostre teste si sfiorarono.

Disse solo: «Ma a te piace la guerra?».

Risposi: «A me la guerra non piace, sono una donna...».

«Io sono un uomo ma anche a me fa schifo, e mi fa schifo Mussolini. Mi fanno schifo gli italiani che vanno ad applaudire uno che li manderà a morire. Mi fanno schifo i gerarchi e i leccaculo. Mi dispiace, ma mi fa schifo anche papà che esulta per il conflitto. Altro che ricchezza, vedremo i sorci verdi, Margherita.»

Non sapevo cosa dire, ero confusa e non mi piaceva che Arnaldo parlasse così di papà. Feci finta di dormire, e Arnaldo fece finta di crederci.

Dopo un po', non era mai successo, venne nel mio letto e mi abbracciò forte. Mi sembrava piangesse ma non glielo chiesi per non imbarazzarlo.

Dormimmo così fino al mattino.

Speravo che oggi Arnaldo venisse a casa, avremmo parlato di Bartali. Ma anche oggi niente. Mi manca, tanto.

In famiglia sembra ormai lo diano per morto o scomparso. Non se ne parla più, almeno quando ci sono io di mezzo.

Stasera vado a letto senza ascoltare l'orchestra alla radio. Domattina, quando papà si reca al lavoro e mamma va a cercare cibo, ho deciso di fare una cosa da grande: disobbedire.

Elisa infatti mi ha detto che tra poche ore, il 19 luglio, alla stazione Termini arriva un carico di soldati dalla Russia. Mi ha preparato la foto del padre e ha detto di essere sicura che le porterò fortuna, che sarò io, finalmente, a trovare qualcuno che sappia quale fine abbia fatto il suo papà.

Ormai sono grande, sono una donna compiuta e posso scegliere di fare anche qualcosa che non mi viene ordinato.

Ma sono agitata, molto. È la prima volta in vita mia che dirò una bugia e disobbedirò a un ordine di mio padre.

Non riesco a dormire. Allora commetto un altro piccolo peccato, stavolta veniale.

So che non dovrei, ma mi avvicino alla finestra.

Vedo distintamente qualcosa che scende dal cielo.

Chissà cosa diavolo è.

Non può certo nevicare a luglio.

Guardo meglio.

Sembrano volantini.

Forse è pubblicità, magari di vestiti da donna.

Domani ne prendo uno da terra.

Otto

Mamma mia che emozione! Ho varcato la porta esterna della Sala Pichetti, dopo aver detto a un ragazzo di terza C che era all'ingresso la parola d'ordine, indizio di clandestinità, che Giovanni mi aveva fatto mandare a memoria: FaulknerSteinbeck.

Ho raccontato ai miei che sarei uscito di buon mattino per andare a fare una passeggiata al Pincio. E non era una bugia. Mi sono alzato presto, per l'agitazione, ho preso la mia Legnano rosso fiammante, la bicicletta di Bartali, e ho attraversato, deserta, la città che si risvegliava.

È una giornata fredda, inverno inoltrato, ma piena di sole. Giunto sulla terrazza del Pincio mi sono fermato, ho appoggiato la bici al parapetto e sono rimasto a osservare dall'alto la mia città.

Sta per finire il secondo anno di questa guerra stupida e non si vede una via d'uscita. Guardando dall'alto i tetti di Roma cerco di immaginare in quante case, di quelle in cui ora si stanno aprendo le finestre e ci si appresta a rimuovere dai vetri la carta blu, ci sia un dolore come quello di Elisa, la compagna di classe di Margherita, o come quello di Samuele, il mio amichetto, che è stato allontanato dalla scuola perché ebreo.

Lo ricordo benissimo, quel giorno.

Il professor Veneziani entrò con la faccia scura, sbatté sulla cattedra la sua cartella nera, quella che conteneva di solito i compiti in classe corretti e giudicati, e stranamente non si mise seduto al suo posto. Andò con passo solenne in fondo all'aula, noi lo seguivamo con gli occhi, e ci disse di non voltarci, di guardare sempre e solo avanti.

«Devo dirvi una cosa triste, molto triste. Ma non uso mie parole, perché queste parole non le possiedo. Vi leggo solo quello che il regime ha deciso. Non voltatevi, guardate avanti. Ascoltate cosa dice il Regio decreto del 5 settembre del corrente anno 1938:

«"Art. 1. A qualsiasi ufficio od impiego nelle scuole di ogni ordine e grado, pubbliche e private, frequentate da alunni italiani, non possono essere ammesse persone di razza ebraica, anche se siano state comprese in graduatorie di concorsi anteriormente al presente decreto; né possono essere ammesse al conseguimento dell'abilitazione alla libera docenza. Agli uffici ed impieghi anzidetti sono equiparati quelli relativi agli istituti di educazione, pubblici e privati, per alunni italiani, e quelli per la vigilanza nelle scuole elementari.

«"Art. 2. Delle Accademie, degli Istituti e delle Associazioni di scienze, lettere ed arti non possono far parte persone di razza ebraica.

«"Art. 3. Alle scuole di ogni ordine e grado, pubbliche o private, frequentate da alunni italiani, non possono essere iscritti alunni di razza ebraica".»

Scese il gelo, in classe. Ci fu un silenzio terribile, misto di imbarazzo e dolore, e tutti ci girammo verso Samuele. Il professore gridò quasi con rabbia di guardare avanti, di non fare altro che guardare avanti. Poi andò al banco del mio amico, che stava proprio davanti al mio, gli appoggiò una mano sulla spalla e gli disse: «Funaro, rifai la cartella. Per te e per me l'anno scolastico non inizia. Tra poco arriverà un supplente. Samuele e io ora usciamo, lo porto a prendere un gelato».

Il mio amico non si affrettò a mettere le matite Giotto nella loro custodia, né a collocare il libro di italiano nella cartella. Faceva movimenti lenti, come se volesse prolungare quel momento. Qualcuno dei miei compagni piangeva in silenzio. Perdevamo in un istante il nostro amico, peraltro il migliore a calcio, e il nostro professore preferito. Tutto si svolse in un'atmosfera sospesa, come fosse un incubo. Tutti che guardavano nella stessa direzione, una cattedra vuota.

Samuele concluse i suoi preparativi e chiuse la cartella. Il professor Veneziani lo prese per mano e insieme si avviarono alla porta. Prima di varcare l'uscio Samuele si girò. Piangeva e ci fece un cenno della mano come per salutarci. Io non resistetti e mi alzai in piedi gridando: «Non è giusto!». Ero un bambino, ma quello che stava succedendo mi faceva venire il sangue agli occhi.

Urlai. Con tutta la voce che avevo in corpo, urlai. Calò di nuovo il silenzio, come se quel grido avesse congelato la scena, come se impedisse i movimenti agli altri.

Tutti erano inchiodati dove la mia esplosione di rabbia li aveva trovati.

Il professor Veneziani guardò oltre la porta, dove per me c'era solo buio, poi l'accostò e disse secco, con un tono che non riuscirei a definire, qualcosa tra l'irato e il protettivo: «De Dominicis, taccia e si sieda».

Lui non aveva mai usato il "voi".

Un momento dopo si materializzò il supplente, una faccia da schiaffi. «Tutto a posto?» sibilò come un cobra.

Il nostro professore assentì e, sempre tenendo per mano Samuele, disse solo, mentre chiudeva la porta: «Arrivederci, ragazzi. E grazie».

Dal Pincio, dove ormai anche gli spazzini in grembiule grigio avevano finito il loro lavoro, mi muovo verso piazza Fiume. L'appuntamento che Giovanni mi ha fissato è per le 10. Alle 9.15 sono già lì. Ma non voglio far vedere la mia impazienza e allora comincio a perlustrare il quartiere. Mi spingo fino alla gelateria Fassi, in corso d'Italia, e mi fermo nel giardino, sotto le palme, a mangiare un gelato.

Poco dopo le dieci varco l'ingresso della Sala Pichetti e, scostata una tenda, mi appare il paradiso. Ci sono ragazze e ragazzi, tutti mi sembrano bellissimi e leggeri, danzano allegri al ritmo travolgente di una musica che mi è estranea, ma mi inebria. Energia pura, qualcosa che accende in te la voglia di muoverti e una improvvisa, inspiegabile, fiducia nel mondo e nel suo futuro. Sentendo quelle note veloci e allegre sembra che tutto sia lontano: la guerra, la fame, la carta blu, il coprifuoco.

Se la libertà assomiglia a questa musica, deve essere proprio bella.

Giovanni viene verso di me sorridendo, mi dice qualcosa, ma il volume della musica suonata dall'orchestrina mi impedisce di capire. Penso che mi chieda i soldi dei quali mi aveva parlato. Metto una mano in tasca per tirare fuori quello che i miei risparmi avevano generato, quaranta lire.

Se lo sapessero i miei... Con quella cifra ci avrebbero comprato le uova.

Giovanni sorride e mi porta in mezzo alla pista, dove i ragazzi ballano. Non siamo in tanti, per non dare nell'occhio nel quartiere. Io non so danzare ma mi prende in cura un ragazzo di terza, Franco, e mi insegna come si fa. È simpatico, un bellissimo giovane biondo, balla benissimo, a scuola è molto popolare tra le ragazze. Lui sa come ci si muove, come si fa a stare in sintonia con il ritmo.

Piano piano prendo confidenza. Danzo e rido della mia goffaggine, lui invece mi infonde sicurezza, mi dice che sto andando bene e a un certo punto mi porta vicino a una ragazza perché continui con lei.

Si chiama Emma, è molto bella anche lei. Qui sono tutti belli. Sono gli stessi di scuola, ma qui sono diversi. D'altra parte è o no il paradiso? Lei è ancora più sfrenata di Franco e quando si muove, seguendo le note di una canzone, una delle poche cantate, che parla di Pennsylvania Station, le si alza la gonna in un modo buffo. E lei non fa nulla per tenerla al suo posto.

A un certo punto la musica cambia e osservo Franco

che prende per il bacino Emma trascinandola a sé. Ora il ritmo è lento, soave, dolce. Chiedo a un ragazzo della seconda B che sta bevendo una gazzosa come si chiami quel brano e lui mi risponde: «Credo *Moonlight Serenade*. Ti piace?».

Mi piace, tanto. Ma il mio sguardo è concentrato sulla coppia dei miei istruttori che balla avvinghiata.

Sono un po' geloso, ma non so bene di chi dei due...

È continuata così per mesi, ho fatto amicizia con un sacco di ragazzi e imparato a memoria ciascuna di quelle musiche, sempre le stesse, che l'orchestra suonava per noi. Non si ballava e basta, si parlava tanto. E tutti volevamo che la guerra finisse. Si stava solamente attenti a non parlare male di Mussolini, non si sa mai.

Ma si capiva che quei ragazzi, come me, volevano altro. Era bellissimo. Io non vedevo l'ora che arrivasse la domenica, per andare dai miei amici.

Era la mia oasi, la Sala Pichetti. Il miraggio di allegria che si materializzava, ogni fine settimana.

Ma a maggio, la scuola stava per finire, Giovanni mi prese di nuovo da parte e mi disse che tre dei cinque membri dell'orchestra erano stati arrestati e portati a Regina Coeli, e dunque le nostre feste swing erano sospese e bisognava stare attenti e sperare che quei ragazzi non parlassero alla milizia dei nostri appuntamenti domenicali.

«Però» mi disse con degli occhi allegri «non vogliamo rinunciare del tutto...»

E così una volta ci recammo tutti insieme, saremo stati una ventina, al Parco della Rimembranza. Lì, in certi angoli, non andava mai nessuno, specie la domenica mattina presto.

Ci schierammo e, a un cenno di Giovanni, iniziò un ballo senza musica.

Tanto ciascuno di noi l'aveva impressa nella mente.

Era come se la sentissimo, tanto la conoscevamo.

Forse è per merito di Giovanni, di Faulkner e di Glenn Miller, per amore di Franco e di Emma e di tutti gli altri che io stasera, 18 luglio 1943, sono qui, su questa terrazza del villino di proprietà della famiglia di uno di noi, con i miei compagni in armi. Sono diventato un ribelle, la mia vita è quella di un ribelle.

Ribellarsi è l'unica cosa che è giusto fare.

Ora sento il rumore di aerei che sorvolano la città. Alzo la testa. E vedo cadere dei volantini, tanti volantini. Sembra una pioggia di carta. Scendono ovunque, anche sopra le nostre teste di antifascisti.

Ne prendo uno.

C'è scritto:

> ROMANI!
>
> Abbandonate le vostre case se sono in prossimità di stazioni ferroviarie, aeroporti, caserme.
>
> Rifugiatevi lontano dagli obiettivi militari che le forze armate dell'aria alleate possono bombardare.
>
> ROMANI!
>
> Questo è un avviso urgente.
>
> Non credete alla propaganda di Mussolini.
>
> METTETEVI IN SALVO.

Nove

Tutte le sere ho la stessa incertezza. Un dubbio che negli anni passati non mi aveva mai sfiorato ma che, dall'inizio di questo 1943, mi assale tutte le volte che chiudo con la chiave il mio cassetto, mi tolgo la divisa grigia con il colletto di velluto rosso, la ripongo nell'armadio di servizio e faccio per spegnere la luce del corridoio presidenziale.

È una cerimonia che può svolgersi a qualsiasi ora. Non mi muovo finché il Presidente non passa davanti al mio tavolo, mi saluta se lo gradisce, raggiunge l'uscita e io sento, ormai ho sviluppato un udito speciale, che l'autista apre la portiera dell'auto, la Lancia nera. Attendo, mentre sposto il distintivo del partito dalla divisa alla giacca, che la macchina accenda il motore e si allontani. Allora spengo la luce.

Ma prima mi fermo davanti al calendario che campeggia alle mie spalle, dietro al tavolo che scandisce la metà del corridoio. Tutte le sere lo guardo. Ha i numeri di un rosso vermiglio, grandi. Sembrano a rilievo. E sotto, in carattere fascista, tutte le indicazioni: il giorno della settimana, il santo che si celebra, le effemeridi del giorno.

Prendiamo ieri, 17 luglio 1943, sabato, sant'Alessio. Che rifiutò di sposarsi per dedicarsi interamente a Dio. Un po' come me con il Presidente e un po' come lui con il Duce. E, quindi, un po' come me con il Duce.

Il problema che da sette mesi e diciassette giorni mi affligge è: il foglio del calendario lo devo strappare la sera, prima di andar via, o lo faccio campeggiare fino alla mattina dopo?

Nel primo caso anticipo di qualche ora lo scoccare del nuovo giorno e quindi mi proietto nel futuro, nell'altro invece ritardo di qualche ora il trascorrere del tempo, è come se lo fermassi. Cosa è giusto fare? E perché questo dubbio mi tortura solo quest'anno?

Mi è venuto quando abbiamo festeggiato la fine del 1942 con i redattori e il personale. Una festa triste, come tutti i Capodanno. Ma questa era più triste ancora. Abbiamo aperto lo spumante alle sei del pomeriggio, a causa del coprifuoco.

Qualcuno aveva ironizzato amaramente sulla notizia che a Milano era stata annunciata la distribuzione del concentrato di pomodoro, 200 grammi di razione individuale per il trimestre, ottenibile dietro presentazione dei buoni 85 e 86 della tessera annonaria.

Intanto, lo sanno tutti, anche in agenzia: c'è chi compra alla borsa nera, da quei delinquenti che offrono uova e formaggi in cambio di soldi, gioielli, addirittura coperte. Girano pure da queste parti, intorno a piazza di Spagna. Una volta li ho visti e ho avvertito la milizia. Mascalzoni che sfruttano la povera gente.

Insomma, quando tutti se ne sono andati, io sono rimasto solo con il calendario del 31 dicembre. Avrei potuto, prima di chiudere la sede, togliere quel foglio e far arrivare in anticipo il 1943. Chissà perché non l'ho fatto.

In agenzia in questi giorni c'è tensione. Il mio Presidente è cupo, scostante. L'altra mattina mi ha investito con una ramanzina inutilmente violenta perché non ha trovato il cuscino sulla sedia. Era a lavare la copertura, che potevo farci? Ha il complesso dell'altezza e diventa pazzo quando le persone che gli sono sedute davanti sono più erette di lui. Quando mi ha urlato contro era appena uscito dalla stanza un pennellone di federale delle Marche e lui mi ha insultato dicendomi che avrei dovuto avvertirlo che fosse così lungo. Mi ha detto, torturandosi i baffetti neri, di far entrare solo persone più basse, magari trovarle, finché la lavanderia non avesse riportato il cuscino, lindo e pinto. Per fortuna sono stati lesti e lui è tornato normale.

Bisogna capirlo: ha sulle spalle tutta l'agenzia, decine di redattori e tanto personale. Deve rispondere al partito, ai ministri, al Duce, deve controllare quello che viene pubblicato in Italia e all'estero – usiamo persino quattro lingue diverse per i comunicati – e tenere a posto i conti.

Ha tanti nemici, anche tra i camerati. L'anno scorso il segretario del partito Vidussoni ha lanciato una campagna per moralizzare il partito. E qualche accusa lo ha sfiorato.

La gente mormora. E più ha fame e più mormora. Non sembra giusto al popolino che ci sia chi raziona il pane e chi gira sulle Alfa Romeo. Non sanno, non capiscono quante responsabilità hanno questi uomini dai quali dipende il nostro destino.

Un giorno uno dei dimafonisti, che a sua volta aveva avuto una dritta da un suo cugino che lavora alla corrispondenza della segreteria particolare del Duce, mi ha detto che qualcuno aveva scritto una lettera anonima a Mussolini contro Morgagni. Lui, sapendo che un suo parente lavora alla Stefani, l'ha copiata e l'ha consegnata al dimafonista facendogli giurare che non ne avrebbe parlato a nessuno. Anche io ho giurato, e terrò fede alla parola data. Quell'uomo è mio amico ed è un camerata onesto.

Insomma la missiva diceva: "Il 10 gennaio u.s. il senatore Manlio Morgagni, per festeggiare l'anniversario dell'assunzione alla carica di direttore dell'agenzia Stefani del dottor Roberto Suster, offrì un pranzo nella sala d'onore dell'albergo Ambasciatori ai seguenti convitati". Qui il cugino del dimafonista, per prudenza, aveva omesso i nomi sostituendoli con dei puntini. Ma dovevano essere tante persone, a giudicare dal numero dei puntini. "La riunione durò dalle 20.15 alle 23.50. Furono servite le seguenti portate: stracciatella, polenta trifolata, filetti di tacchino, pollo arrosto, pesce alla maionese, macedonia di frutta, vino. L'ammontare complessivo, pagato dal senatore Morgagni, si aggira sulle 3200 lire. Naturalmente a nessuno dei convitati furono chieste le prescritte tessere annonarie, né si tennero presenti, da parte della direzione dell'albergo, le vigenti disposizioni in merito alla composizione dei pasti nei pubblici esercizi."

«Che facciamo?» mi ha chiesto il dimafonista. «Sarà informato il Presidente? È giusto fargli conoscere il contenuto della lettera? Almeno così si può difendere. Ho paura che se tolgono lui, la Stefani finisce. Come possiamo informarlo senza inguaiare mio cugino? Io non me la sento di tenermi questa cosa, mi sembra di ingannare Morgagni. È lui che mi ha assunto. Ho un dovere nei suoi confronti. Ne ho parlato a te, Ascenzo, perché ho pensato che forse tu puoi farla scivolare sul suo tavolo...»

«Non se ne parla nemmeno. Capirebbe subito che sono stato io. Fammi studiare una soluzione. Anche io sento il dovere di metterlo al corrente. Mi ribolle il sangue, le spie mi fanno schifo. Perché non è venuto qui a dirglielo in faccia? Fammi pensare...»

Maria è andata a letto presto. Margherita è già sprofondata da tempo nel sonno e Arnaldo, al solito, non sta in casa. Sono solo, come volevo.

A un certo punto però mia moglie apre la porta del salone che avevo chiuso con cura. Mi guarda e mi chiede, mentre si stropiccia gli occhi: «Ascenzo, che stai facendo?».

«Niente, che sto facendo...»

«Come niente? È due ore che batti come un pazzo su quella macchina da scrivere. Un tasto alla volta, è un incubo. Che diavolo scrivi?»

«Niente, non preoccuparti...» E, mentre lo dico, ripiego il testo del cugino del dimafonista da cui stavo copiando.

«Piuttosto, mi devi fare un piacere.»

Mamma si stiracchia e dice: «Che vuoi a quest'ora? Un canarino, una camomilla, così la smetti con questa tortura?».

«Dài, ho quasi finito. Fammi un piccolo favore. Vedi questa busta gialla? Dovresti scrivere con la tua calligrafia quello che ora ti detto...»

«Mi sembri matto, sono le due di notte. Comunque dimmi...»

«Scrivi... Per il Presidente Manlio Morgagni, agenzia Stefani, via di Propaganda. Roma.»

Maria mi guarda stupita: «Ma come? Lo vedi tutti i giorni e ora gli scrivi pure? Che succede?».

Le dico solo una frase, conclusiva.

«Non preoccuparti, non sono cose da donne.»

Intanto, sul vetro oscurato della finestra, un foglio si è attaccato, portato dal vento. Sta lì, come un bambino davanti a una vetrina, in attesa che qualcuno si accorga di lui.

Ma quella notte, nel salone di casa De Dominicis, c'è altro da fare. Una donna china su una busta sta vergando, con una calligrafia persino troppo precisa, un indirizzo su una busta e un uomo corpulento sta controllando che quella donna, la sua donna, realizzi quello che lui le ha dettato.

Fuori, in piena notte, suonano le sirene. Ormai è un rumore troppo familiare, non ci si può precipitare ogni volta nei rifugi. E poi stanno facendo una cosa troppo importante, con Maria.

Il foglio, mosso dal vento, sbatte sul vetro. Mi avvicino per leggere cosa c'è scritto:

ROMANI!
Abbandonate le vostre case se sono in prossimità di stazioni ferroviarie, aeroporti, caserme.
Rifugiatevi lontano dagli obiettivi militari che le forze armate dell'aria alleate possono bombardare.
ROMANI!
Questo è un avviso urgente.
Non credete alla propaganda di Mussolini.
METTETEVI IN SALVO.

Balle disfattiste.
Almeno credo.

Dieci

Non mi era mai capitato, prima. Mi ha sconvolto, mi sono svegliata con la sensazione che qualcosa o qualcuno dominasse la mia mente. Fare due volte lo stesso sogno, a distanza di mesi, forse di un anno, è una sensazione spaventosa. Perché mentre lo vivi sei consapevole di aver già conosciuto quelle situazioni, di aver già vissuto quella sensazione che ti fa rabbrividire.

Una sola, forte, dominante: la paura.

Mi trovo in un labirinto, di notte, da sola. C'è solo la luce della luna, niente altro. Qualcuno mi ha dimenticato lì, se ne è andato senza più cercarmi, come fossi un palloncino volato via. Nel cielo, sento un respiro affannoso, addolorato. Taccio per verificare se sia il mio, amplificato da non so cosa. Trattengo il fiato per raggiungere il silenzio integrale. Ma il respiro, nell'aria, aumenta la sua intensità e il suo ritmo. Come se si avvicinasse. E allora mi spavento e comincio a correre in mezzo alle alte siepi del labirinto. Però le gambe sono pesanti, mi impediscono di andare veloce, sono un peso straziante da trascinare. Mi strugge, e mi spaventa, il fatto che sapevo che lo sarebbero state.

Perché quel sogno, proprio quello, lo avevo già sognato. E sapevo anche il momento preciso in cui avrei appoggiato la mano su uno degli arbusti che delimitavano le infinite vie di quel labirinto inestricabile. Era lì, in quell'istante, che lo avrei fatto. Non volevo ma non potevo evitarlo. Qualcosa, che non apparteneva alla mia volontà, mi privava della possibilità di cambiare il corso delle cose. Era un incubo consapevole, già conosciuto, una sequenza di fatti immodificabili. Sapevo, quando appoggiai la mano su quell'arbusto, che il labirinto avrebbe cambiato sostanza. Si sarebbe fatto gelatinoso, sarebbe diventato la struttura geometrica di un cervello, come l'avevo vista nei libri di scuola.

Quella massa viscida pulsava e sembrava stringersi fino a togliermi il respiro. Io dovevo fuggire, sapevo che sarei morta schiacciata.

Ma la tappa successiva, attesa, era ancora più spaventosa. Cadevo in un buco della terra, provando il terrore del vuoto, e mi ritrovavo in una gigantesca biblioteca fatta di milioni di volumi. Sapevo che ne dovevo cercare uno, uno solo. Ma non ricordavo il titolo, avevo nella testa soltanto il disegno della copertina: un uomo il cui interno era rappresentato come un labirinto. Giravo disperata per quelle migliaia di corridoi pieni di scaffali, in cerca di quell'uomo mostruoso, come fosse la mia possibile salvezza. Non potevo mutare il corso di quella storia, ne conoscevo già il finale. Non riuscivo a svegliarmi, nonostante cercassi in tutti i modi di divincolarmi da quell'intrigo.

Successe ancora, lo sapevo. Trovai il libro, lo aprii, ma era bianco. Però improvvisamente prese vita e mi ingoiò di nuovo nel labirinto dal quale ero partita.

Solo in quel momento, come la prima volta, mi sono svegliata. È piena notte. Tutti dormono, a casa mia. Sarà il senso di colpa per la bugia che ho raccontato ai miei genitori? Sarà questa strana paura che da un po' di tempo mi prende, ogni volta che si fa buio? Sarà che sono diventata donna e a tutte le donne fatte accade di sognare questi incubi?

Arnaldo non c'è, sarà sotto le sue stelle a sognare quello che non c'è. Io sono qui ad aspettare di tradire la fiducia di chi mi ha messo al mondo per aiutare una mia amica che soffre. Mi sento moralmente a posto. La mia è una bugia a fin di bene.

Prima di dormire leggo *Piccole donne* di Louisa May Alcott, pubblicato dalla casa editrice Aurora di Milano.

Mi identifico molto in questa descrizione: "Elisabetta o Beth era una rosea fanciulla di tredici anni, tutta pace e timidezza: il padre la chiamava 'piccola tranquillità' ed il nome le si confaceva a pennello, perché sembrava vivere beata in un mondo a sé da cui non usciva se non per stare con i pochi che ella amava e stimava".

Infatti avrei voluto chiamarmi Elisabetta, non Margherita. Sono alle prime pagine, ma mi riprometto di andare veloce.

Io ed Elisabetta dobbiamo conoscerci meglio.

Si è fatta mattina, sono tutta sudata nel letto. È caldo, ma a ridurmi così è stato l'incubo ripetuto. Speriamo non torni più. Chiederò a mamma se è normale o se dobbiamo dirlo al dottore. Mi basterebbe che lei la sera venisse un po' da me e mi raccontasse qualcosa. Spero non pensi che un po' di sangue che è colato tra le gambe significhi che non ho più bisogno del suo calore, del suo conforto. Sono sempre una bambina, una bambina donna.

Vorrei essere una di quelle bambole che Elisabetta cura con tanto amore, quelle rotte, lasciate come un relitto dalle sorelle più grandi. Lei raccoglie una bambola spezzata dal sacco dei cenci vecchi, la ripara e, come dice il libro: "Le portava dei mazzetti di fiori, le leggeva ad alta voce, la portava a spasso, le cantava delle nenie e non andava mai a letto senza prima averle baciato il povero volto annerito dicendo: 'Spero che passerai una buona notte, mia povera bambina!'".

Tra poco devo alzarmi, appena sono tutti usciti. Papà è agitatissimo e ho sentito che alle sei già si preparava il pane e il caffè. Mamma è uscita in cerca di qualcosa da mangiare. A papà non lo dice, ma ha trovato qui vicino un borsaro nero, un contadino che viene dai Castelli, che ha cose buonissime. Ha impegnato un suo scialle ma dice che tanto lei non ha mai freddo e, semmai, se ne confeziona un altro. È proprio brava a cucire, ha rivoltato abiti e cappotti, e usato fodere come camicie. Ha fatto all'uncinetto maglioni per tutta la famiglia, anche per Arnaldo che, per una volta, l'ha pure baciata sulla guancia, rendendola felice. Quando mamma non ha faccende da sbrigare in casa, quasi mai, il suo passatempo è ascoltare la radio e cucire dei quadretti di mille colori con fiori e animali.

Sono usciti tutti, vado in cucina e mi accorgo che papà si è dimenticato di bere il caffè. Strano, forse aveva la testa altrove. Allora, anche perché mamma non si arrabbi come fa ogni volta che qualcosa va sprecata, lo bevo io. È il mio primo caffè e mi piace. Quante cose nuove mi stanno capitando…

Ora mi vesto ed esco. Mi aspetta Elisa, ci vediamo alla stazione Termini.

È lunedì, inizia la settimana. Penso che sarà bella e importante. Il cielo è sereno e l'aria calda, anche se sono solo le sette e mezza. Mi devo sbrigare, il treno dovrebbe arrivare alle otto.

È arrivato alle nove, invece. Sono scesi un sacco di soldati macilenti, con la barba lunga. I binari sono pieni di gente. Ascolto le voci di donne vestite di nero che chiamano il nome del marito o del figlio, bambini che invocano il papà.

Io ho in mano una fotografia del padre di Elisa e chiedo a quegli uomini, ma mi pare di far loro del male, se lo hanno visto. Ogni tanto qualcuno si ritrova con i parenti e allora sono abbracci e baci. Le donne attorno commentano la fortuna della loro compagna di sventura e si rituffano nel mare di divise grigio-verde. Si sentono tanti dialetti, per molti il viaggio continua. Qualcuno ha un bastone con cui si aiuta a camminare, ad altri manca un braccio o un occhio.

Mentre passo con la foto, chiedendo a tutti: «Conoscete questo soldato?», uno appena sceso dal predellino mi tocca il ritratto, come per vederlo meglio. «Assomiglia a uno che ho visto a Datscha, ma non sono sicuro. Come si chiama?»

«Tenente De Grossi, Giorgio De Grossi.»

Il soldato si fa serio, si incupisce. È imbarazzato: «No, ragazza, ora che lo guardo bene sono sicuro di non averlo visto. Tu sei la figlia?».

«No, Elisa è una mia amica. La sto aiutando. Siete sicuro che non sia lui?»

«È meglio che non sia lui...» mi dice, andando via e accarezzandomi la testa.

Elisa e la madre mi raggiungono, quando sono arrivata in fondo ai binari. Sono sconsolate, hanno la foto sempre più spiegazzata tra le mani. Ormai il ritratto è quasi svanito, consumato dall'esposizione alla luce e dal sudore di quelle mani che lo impugnano. Mi chiedono se qualcuno mi ha detto qualcosa, ma sanno già che non è così.

Io di quel soldato non riferisco, mi sembra sia più giusto fare in questo modo. Un'altra piccola bugia. Ancora a fin di bene.

Mentre usciamo dalla stazione sento un soldato che piange dicendo: «Ci hanno dato i fucili della prima guerra, ci hanno mandato al massacro. Il mio comandante è morto assiderato e non avevamo da coprirci o da mangiare. È stato un macello».

Faccio segno a Elisa e alla mamma, che sono davanti a me, di accelerare il passo, per evitare che ascoltino questo sfogo.

Sono le dieci e mezza. Usciamo da via Giolitti, così poi prendiamo la Circolare Rossa. Scenderemo a viale Regina Elena, all'angolo con viale Ippocrate. Da quelle parti c'è l'università e magari incontro Franco, che ora è matricola.

Elisa e la mamma abitano in piazza Salerno, vicino alla fermata. Io allungo un po' e arrivo presto a casa, in via Catanzaro.

In un cestino, alla fermata, vedo un mucchio di volantini, devono essere quelli gettati dall'aereo ieri sera.

Lo guardiamo tutte e tre insieme. Non è pubblicità della Lubiam.

No, c'è scritto:

ROMANI!
Abbandonate le vostre case se sono in prossimità di stazioni ferroviarie, aeroporti, caserme.
Rifugiatevi lontano dagli obiettivi militari che le forze armate dell'aria alleate possono bombardare.
ROMANI!
Questo è un avviso urgente.
Non credete alla propaganda di Mussolini.
METTETEVI IN SALVO.

Undici

"Se il vostro rifugio viene colpito da una bomba, mantenete soprattutto la calma." Era scritto così su un opuscolo che papà portò a casa, quando avevo quindici anni. Lo lessi e mi arrabbiai tantissimo. E mi spaventai ancora di più. Quindi era possibile che fossimo bombardati, nonostante tutti dicessero il contrario? Era una delle tante balle che il regime ci raccontava? E che consiglio è quello di stare calmi, se ti cade una bomba sulla testa? A Villa Torlonia il Duce ha tutte le protezioni, noi poveracci nei sottoscala dei condomini, nelle cantine gelide. E dobbiamo pure stare calmi.

Io sono stanco di aerei che ci passano sulla testa e di sirene che suonano in piena notte. Che arrivino le cicogne e scarichino dal cielo quel che debbono. Magari a tempo di swing. Così la gente si accorgerà in che casino ci ha infilato quel matto. E la smetterà di mettersi quella camicia lugubre e di salutare in quel modo ridicolo. Non siamo nell'antica Roma, siamo negli anni Quaranta del Novecento.

Stamattina mi sono svegliato furioso.

Il collegio, voglio bombardare il collegio. Voglio che la sua tetraggine esploda in mille pezzi. Voglio che quel nero se ne vada dalla mia vita e dalla vita di tutti noi. Voglio vedere colori e ballare e sentire la musica che voglio, voglio leggere i libri che voglio, voglio dire quello che penso e ascoltare quello che pensano gli altri. Voglio poter essere me stesso senza temere di finire in galera o peggio. Voglio essere sicuro che i miei compagni siano uomini e donne liberi e non si debbano nascondere, come stiamo facendo da mesi. Voglio strappare quella carta blu dalle finestre e tornare a guardare le stelle o la pioggia. Voglio essere sicuro che Margherita e io cresceremo in un mondo senza bombe, senza nemici, senza guerre.

Stanotte ho sognato la Sala Pichetti. Ma era completamente vuota. Non c'era l'orchestrina jazz, non c'erano i ragazzi della scuola. Soltanto noi: Franco, Emma e io. Ma eravamo davanti a tre tavoli differenti, posti agli angoli della sala.

Nonostante fosse deserta e silenziosa eravamo lontani, ostinatamente, volontariamente lontani. Non ci guardavamo neanche, ma sapevamo ciascuno dell'altro. A un certo punto nell'aria si diffondeva *Moonlight Serenade*. Chissà da dove veniva. L'orchestra non c'era, forse gli arrestati avevano parlato, forse li avevano torturati, forse erano in carcere, forse erano morti. Eppure la musica, lo swing, ora riempiva quella sala spettrale.

Tutto era in penombra e così noi tre. C'era solo una luce, un cono che illuminava il centro della pista da ballo. Sembrava un invito, una sollecitazione a rompere gli indugi, a uscire dall'angolo, a ritrovarsi.

La prima a muoversi è stata Emma. Lo ha fatto in modo circospetto, guardandosi intorno. Come se fosse indecisa, o temesse qualcosa. Ha attraversato lieve il cono di luce, che le ha squarciato per un istante la gonna a fiorellini, ed è venuta verso di me. Mi ha invitato a ballare e io, arrossendo, mi sono alzato.

L'ho stretta ai fianchi, come avevo visto fare a Franco quando aveva ballato con lei. Lei mi ha sorriso, ora illuminata quasi fossimo sotto il sole, e mi ha guardato. Io un po' ricambiavo lo sguardo e un po' gettavo un occhio verso Franco. Mi dispiaceva che fosse rimasto da solo, al suo tavolino, immerso nell'oscurità. Avevo paura che si mortificasse per non essere stato scelto, ci restasse male e provasse dolore.

La musica, come era cominciata, è sparita. Lei mi ha sorriso ancora con dolcezza e mi ha riaccompagnato al mio posto. Non ci eravamo detti una parola. "L'occhio di bue", così lo chiamano al cinema, si era spento e la penombra ci aveva avvolto di nuovo. Ma poi, all'improvviso, si è ridestato e la musica è tornata. Sempre la stessa.

Sentivo, non so perché, che toccava a me. Franco non si muoveva, stava a testa bassa e non guardava neanche in direzione del centro della sala. Come se non gli importasse. Come se non ci fosse.

Esitavo e in una frazione di secondo mi sono chiesto cosa dovessi fare. Poi ho deciso. Era giusto quello che avevo scelto d'istinto, anche per ricambiare. E poi lei era l'unica ragazza, tra noi tre. Ho superato il cono di luce anche io e ho raggiunto il tavolino dove era seduta Emma. Le ho preso la mano che mi porgeva sorridendo e l'ho guidata di nuovo verso il centro della luce, che era nel centro della sala, che era nel centro del mio sogno.

Emma era bellissima e io seguivo il disegno dei suoi fianchi mentre li stringevo e mi sembrava di sfiorarle la pelle, di violare spudoratamente il diaframma che ci separava. Come se da quel momento nulla fosse più come prima. Nella Sala Pichetti e nell'universo intero.

Mi era venuta vicino e sembrava che volesse baciarmi. Sentivo il suo fiato caldo e il suo respiro affannoso.

Siamo rimasti così, ballando e respirando. Vicini, ma senza sfiorare le labbra.

Però la luce e la musica si sono spente di nuovo, insieme.

Sono tornato eccitato e sconvolto al mio posto, dopo aver accompagnato Emma, che non sembrava turbata, al suo. Avevo dimenticato la solitudine di Franco e mi sono vergognato di me stesso.

Per la terza volta il buio è stato violato dal cono di luce che si è acceso e mi sembrava persino più forte, più violento delle altre.

Ora, lo vedevo in lontananza: Franco era come se si fosse ridestato, come un burattino i cui fili tornano d'incanto a essere maneggiati da qualcuno.

L'ho visto esitare, guardarsi attorno. Mi sono reso conto che la musica stavolta non c'era, non si era accesa con la luce. Il silenzio suonava magnifico e inquietante.

Franco non ha attraversato il cono di luce. Lo ha signorilmente ignorato. Forse perché senza musica non poteva invitare nessuno a ballare. Forse quel silenzio era il prodotto dell'egoismo di Emma e mio che lo avevamo dimenticato, lasciato solo.

Ma Franco aveva stampato sul volto il suo sorriso meraviglioso, rassicurante.

L'ho visto superare il tavolino di Emma e venire verso il mio. Ho temuto volesse rimproverarmi per il mio comportamento.

È arrivato davanti a me e io ho sentito, distintamente sentito, la prima voce di quel sogno muto di parole. Mi ha sussurrato, con la sua voce suadente: «Vuoi ballare con me?».

Io ho risposto in modo meccanico: «Ma non c'è la musica».

Lui mi ha fatto pressione sul polso perché mi alzassi e intanto mi ha detto: «Non c'è bisogno, non ricordi?».

Ero confuso, turbato. Mi ha portato nel centro della luce, che si è spenta all'improvviso.

E abbiamo ballato, ricordando le note della musica di Glenn Miller e muovendoci, all'unisono, senza sbagliare un passo.

Lui stava per dirmi qualcosa, ma io mi sono svegliato, all'improvviso.

Forse è stato il freddo dell'alba, forse il fatto che, nel sogno, avevo girato lo sguardo verso il tavolino di Emma e non l'avevo vista.

O, forse, la paura di ascoltare quello che Franco voleva dirmi.

Qualsiasi cosa fosse, non avrei saputo rispondere.

Dodici

Mi dispiace vederlo così teso, angosciato.

Non so se posso azzardare, ma io a quest'uomo voglio davvero bene. Non posso permettermi neanche di pensarlo, lui è una delle massime personalità del regime. Un uomo intimo del Duce; come può un umile usciere provare un sentimento che confina con l'amicizia, quando le distanze sono così siderali?

La mia divisa è quella dell'ufficio, la sua quella dei massimi gerarchi del fascismo. Lui è in cielo, io nella polvere. Eppure quest'uomo burbero, irascibile, temuto, con me è sempre stato gentile, quasi affettuoso.

Non ha figli, vive con la signora Bice che ama tanto, e allora si informa dei miei. Al mattino, quando gli porto il primo caffè – ne consuma tanti durante la lunga giornata – mi chiede come stanno Margherita e Arnaldo. Li ha visti crescere, anzi nascere. Quando sono venuti al mondo mi ha fatto l'enorme regalo di farmi recapitare un telegramma firmato dal Duce in persona.

Sua Eccellenza Morgagni non fa mai mancare il suo regalo per i ragazzi, a Natale.

E non manda a comprarli Rosa, la sua segretaria, va personalmente. Verso il 23 dicembre esce, si fa portare al negozio di giocattoli di piazza Navona e torna con dei pacchi per i miei figli. E questo mi commuove, mi commuove tanto. Credo che senta i miei due ragazzi un po' come nipoti. Anche per questo sono contento che non mi chieda da un po' di Arnaldo.

Non saprei cosa dirgli, se non bugie.

È un uomo che ha molto combattuto e molto sofferto. Aveva un fratello prediletto; la sua foto nella cornice argentata la spolvero ogni mattina, prima che il Presidente arrivi.

Si chiamava Tullo, era stato caporedattore de «La Gazzetta dello Sport», fondatore de «Lo Sport Illustrato» e poi ideatore e organizzatore di corse ciclistiche di qualità come la Milano-Sanremo, il Giro di Lombardia, persino il Giro d'Italia del 1909.

Ma dieci anni dopo quella corsa fu ucciso dalla sua grande passione: il volo.

Era sabato 2 agosto, verso le 17. Quel giorno Tullo Morgagni era partito con cinque giornalisti milanesi e l'equipaggio per andare a Venezia, su un grande biplano Caproni, il Ca-600. All'andata tutto era andato bene, anzi il velivolo aveva battuto un record di velocità, andando a centotrenta chilometri all'ora, il che gli aveva consentito di coprire i duecentoquaranta chilometri di distanza da Verona in sole due ore.

Al ritorno, nessuno ha mai capito per quali cause, l'aereo precipitò nel cielo di Verona. Da piazza Bra videro staccarsi brandelli dell'ala e il biplano cadere da millecinquecento metri. I corpi dei quattordici passeggeri furono trovati in un raggio di duecento metri, irriconoscibili.

Un articolo del «Corriere della Sera», pubblicato il giorno dopo, riportava le affrante dichiarazioni dell'ingegner Caproni: "Tutto lascia pensare a un incendio del motore per un cosiddetto 'ritorno di fiamma' benché l'apparecchio fosse munito di speciali dispositivi atti a impedire il fatale inconveniente. I piloti avevano dimenticato di metterlo in funzione? La cosa è inconcepibile, dato il loro valore e la loro pratica". Il giornale aggiungeva: "Si pensa anche che la benzina, di cui eventualmente a Venezia i serbatoi sono stati forniti, fosse di scadente qualità".

«Ti rendi conto, Ascenzo? Mio fratello sarebbe morto per una "benzina di scadente qualità". Non è assurdo?» Ogni tanto mi dava del tu e ogni tanto del voi. Non ho mai capito da cosa dipendesse la scelta.

Ogni 2 agosto il Presidente faceva dire una messa per il fratello. Poi tornava in ufficio e si chiudeva dietro la porta senza dire niente. Io lo sentivo piangere, anche perché l'agenzia, negli uffici della presidenza, in quei giorni era deserta per le vacanze.

Rosa e io ci guardavamo, e scuotevamo la testa.

Uno di quei giorni maledetti di ricorrenza del dolore Sua Eccellenza mi chiamò con il campanello perché gli portassi il solito caffè.

Ma quella volta non mi fece cenno di andare, anzi. Aveva tra le mani quel vecchio ritaglio del «Corriere della Sera» e mi disse quella frase sulla benzina. La confidò a me, non ad altri. Era una prova di amicizia, di fiducia, che mi inorgogliva. Però non sapevo come rispondere a quella domanda, non sapevo neanche se era giusto, o atteso, che lo facessi. Mi sembrava di prendermi una confidenza eccessiva. Dissi solo, con un mormorare incerto: «È assurdo, Eccellenza».

Lui però sembrò non aver ascoltato le mie inutili parole e continuava a sacramentare contro Caproni, Venezia, la benzina, il destino. «Con il Duce, se si permettevano di mettere "benzina di scarsa qualità" in un aereo e provocare quattordici morti, finivano a Regina Coeli, o come si chiama il carcere di Milano?»

«San Vittore, Eccellenza» dissi io sentendomi utile.

«Ecco, finivano a vita a San Vittore. Per questo c'è voluto il fascismo, in Italia. Per rimettere in riga, per ristabilire il dovere e l'ordine. È stato il pressapochismo a uccidere mio fratello e i suoi sventurati compagni di volo. Anche lui, comunque, con questa passione per gli aerei! Lo sapete che nel 1904 aveva fatto un'ascensione con l'aerostato del capitano Brunner?»

Queste domande a bruciapelo mi gettavano in confusione. Cosa diavolo dovevo dire per assecondare la furia del Presidente? Risposi che non lo sapevo: mi sembrava che la mia eventuale meraviglia potesse compiacerlo.

Ma lui, in verità, sembrava comunque prescindere dalle mie parole. Era solo con se stesso, almeno così mi sembrò. Però fui onorato dalla sua scelta di farmi essere presente in quel momento così intimo di rabbia e di disperazione.

Sua Eccellenza era molto temuto in agenzia. E non solo in agenzia. Era piccolo, tarchiato, con dei baffetti neri che incutevano soggezione. Ma la sua luce, il suo carisma erano accentuati da due elementi: il suo passato e il suo rapporto stretto, quasi intimo, con Lui.

In effetti le due cose si intrecciavano. Le pareti dell'ufficio del Presidente erano costellate di foto con il Duce e di documenti che riguardavano la loro antica amicizia. Sua Eccellenza Morgagni aveva fatto incorniciare una lettera di Mussolini del 14 giugno 1916, quando il Duce era a combattere.

Il testo è sublime, lo rileggo spesso:

> Qui dove mi trovo, continuiamo ad attendere gli eventi. La mia domanda – a voce e per iscritto – di passare aggregato ad uno dei reggimenti che combattono dall'altra parte, è rimasta senza risposta. I regolamenti ostano ed io non insisto. Il nostro turno verrà e forse presto. Da un momento all'altro ho il vago presentimento che nelle ultime battute, che saranno le più sanguinose e galoppanti, di questa tremenda sinfonia, ci lascerò la pelle, ma fa niente purché il colpo sia fulmineo. L'allegretto finale sarà bellissimo. Vertiginoso. Ho visto dei soldati cadere uccisi, in un attimo. Sono andati di là senza accorgersene. È una mia preferenza codesta, ma in fondo, non m'importa se dovrò assistere al mio viaggio e contare le ore, prima di giungere alla tappa ristoratrice. E poi, io ho la nostalgia del rischio, e se il rischio è grande, più grande è la nostalgia... Qui non

fa che piovere, ma il freddo si sente un pochino verso l'alba, soltanto. La mia salute cammina.
Tanti saluti a te e agli amici,
tuo M.

In un'altra cornice, stavolta appoggiata sul tavolo, era conservata la comunicazione emessa da Palazzo Venezia il 24 aprile 1939 nella quale, al termine di un incontro con tutta l'agenzia Stefani, Mussolini aveva voluto fossero diffuse queste parole: "La mia prima lettura del mattino sono le cartelle della Stefani. Inoltre io vedo sovente Morgagni, e volentieri".

Quel "volentieri" diceva tutto del loro stretto rapporto. Sua Eccellenza, d'altra parte, fin dalla tenera età, suo padre mazziniano, aveva, nella terra natia di Romagna, espresso un animo ribelle, affascinato dalle idee del socialismo propugnate dal suo fratello di terra, Benito Mussolini.

Quando il Duce fondò «Il Popolo d'Italia», nel 1914, Sua Eccellenza Morgagni lo seguì come direttore amministrativo. Quando il Duce partì per la guerra affidò ai suoi amici della redazione questo messaggio, chiaro e inequivoco: "Noi che ci apprestiamo a sopportare i disagi invernali nelle trincee e i rischi inevitabili dei combattimenti, vogliamo avere le spalle sicure. Vigilate sempre! Picchiate disperatamente! Non date un momento di tregua alle jene. Noi combatteremo: combattete. Il programma che vi lascio è in questo motto".

Morgagni era stato uno dei pochi sansepolcristi e anche un magnifico squadrista. Si vantava di saper menare le mani contro i disfattisti e i bolscevichi. Aveva assaltato anche il palazzo municipale di Milano ed era stato tra i protagonisti della Marcia su Roma, l'atto da cui il nuovo mondo era cominciato.

Ma stamane, 19 luglio 1943, Sua Eccellenza è cupo, taciturno. Al momento del caffè l'ho visto che scrutava la finestra. Era di spalle e deve aver confuso il mio passo con quello del direttore Suster perché, senza girare la testa, ha solo, con la voce quasi strozzata, formulato una domanda.

Che, in tutta evidenza, non poteva essere rivolta a me.

«Notizie da Feltre? Come sta andando, sai qualcosa?»

Tredici

Fa un caldo terribile. Anche la mamma di Elisa ha tolto il velo nero dal capo e si deterge con quello il viso sudato. Sul tram la temperatura davvero è insopportabile: qualcuno dice che il termometro stamane ha segnato trentotto gradi, come una febbre.

Una signora anziana, con un vestito fiorato e una borsa tanto grande quanto vuota, possiede un ventaglio. Con quello dispensa generosamente dell'aria fresca a chi lo chiede.

Un ragazzo, purtroppo non è Franco, si rigira tra le mani il libretto universitario, deve averlo appena ritirato.

Il bigliettaio si è tolto il cappello e si asciuga con un fazzoletto i capelli, che fanno colare una riga di tintura nera o di brillantina, non me ne intendo.

Il tram è quasi pieno, un signore con «Il Messaggero» sotto il braccio parla sottovoce a un altro, forse un suo amico. Anzi, visto il tema, certamente un suo amico. Gli sta dicendo, sono vicina e posso sentirli, se ha visto i volantini che sono stati lanciati il giorno prima, e poi che aveva saputo da fonte certa che polizia e milizia li avevano fatti sparire, per non allarmare la popolazione.

«Sparire, ma non bene, visto che ne ho uno in tasca» avrei voluto dire, ma non mi sembrava il caso.

«Secondo te bombarderanno anche noi? Io comincio ad aver paura…»

L'altro, un tipo segaligno, allampanato, con una faccia a punta e un cappello che gli sta sulla testa come la stella di Natale sull'albero, gli risponde sicuro, anche un po' stizzito: «Ma che dici? Chi è quel matto che si mette contro tutto il mondo bombardando il Vaticano e il Colosseo? Roosevelt o Churchill sono nemici, ma mica scemi. Il papa è la nostra polizza di sicurezza, il nostro scudo».

Il signore con il giornale in mano mi sembra voglia credere al suo amico, ma resti scettico.

Una donna sta parlando con l'autista. Sta dicendo che non trova più nulla da mangiare e se la prende con un manifesto che ha visto affisso alla fermata di piazza Risorgimento. L'ho visto anche io, alla stazione, c'è una donna in divisa, disegnata, e poi una scritta che dice suppergiù: "Fare attenzione a ciò che viene gettato nelle immondizie: stracci, spaghi, carta, ossa, gusci d'uovo, scatolame, foglie di ortaggi, bucce, gusci, noccioli ecc.", e poi in maiuscolo c'era scritto, imperativo: TUTTO PUÒ ESSERE UTILIZZATO.

«Vi rendete conto?» dice la signora dopo essersi guardata attorno per controllare, o far finta di controllare, perché parla a voce alta come volesse farsi sentire da tutto il tram. «… Vi rendete conto? Non abbiamo niente, cosa possiamo buttare? Loro mangiano negli alberghi, nei ristoranti. A noi donne hanno detto che lo scopo della vita sono i figli. Li abbiamo fatti. Ma ora, se sono maschi, sono a morire al fronte. E se son signorine mangiano i loro gomiti. Che li possino acciaccalli.»

L'autista muove la leva metallica e si preoccupa di non fare nessun cenno. Però, guardando avanti, sorride senza essere visto.

Sul tram ci sono due bambini, cuginetti credo. Troppo vicini di età per essere fratelli, certo non sono gemelli. Uno legge il «Corriere dei Piccoli» e l'altro gioca con una biglia colorata. Due mondi a parte.

Non riesco a capire chi sia la ragazza che li accompagna. Giovane per essere una mamma, troppo cresciuta per essere una sorella. Forse una zia o una donna di servizio.

Noto che, a parte la matricola, non ci sono ragazzi. O sono al fronte o forse, come mio fratello Arnaldo, sono andati per conto loro.

Due signori anziani si sorreggono a vicenda. Sono stati al Policlinico per far visitare l'uomo – se capisco bene le parole che si stanno scambiando – che da un po' di tempo fatica a riconoscere la moglie.

La signora dice alla sua vicina di sedile: «Che volete che vi racconti, signo'... Siamo sposati da quarant'anni e prima siamo stati fidanzati in casa per altri dieci. Abbiamo passato insieme tutta la vita, eppure lui certe volte non sa chi sono. Je dico: "Giovanni, so' io, so' Augusta". Niente, nun se ricorda. Una volta m'ha pure chiamato "mamma".

«M'ha scambiato per quella povera donna di sua madre. Ormai è come un bambino, devo fa' tutto io, che so' pure più vecchia di lui. Certe volte spero che arrivi una bella bomba, che ci diano solo il tempo de tenecce pe' mano e se ne annamo insieme, se ne annamo come semo venuti. Ma poi penso a loro...».

Lo dice guardando i due bimbi e poi, come per ricomporsi, tira su la borsetta e dice: «Vabbè, nun ce pensamo, alle cose tristi».

Elisa e la mamma intanto tacciono. Per questo posso guardare, curiosa come sono, quello che avviene sul tram. Lo faccio sempre, altrimenti che lo si prende a fare?

Roma, in fondo, si può attraversare a piedi. È tanto bella... Abbiamo questa fortuna e non ce la godiamo. Quindi se prendo il filobus o il tram lo faccio per guardare la gente, analizzare i caratteri delle persone.

Di solito non ne vedo tante, da quando è finita la scuola.

Il mio quartiere poi non è come altri, Monti o Trastevere. Gli abitanti, da noi, sono perlopiù ferrovieri. Quando tornano dal lavoro non hanno certo voglia di mettersi in piazza per parlare. Solo la domenica vanno a messa e poi si fermano a far gruppetti. Ma ora fa troppo caldo anche per questo.

Elisa continua a rimirare la foto del padre, poi gira lo sguardo verso la madre che si è appisolata, appoggiata alla parte superiore del sedile.

Io sono rimasta in piedi, non c'è posto. Ogni tanto Elisa mi guarda e sorride. Mi è grata per esserle vicina ma mi sembra stanca, mi sembra sappia quello che non riesce ad ammettere con il pensiero.

Suo padre non tornerà più. Suo padre è uno dei corpi senza nome, un ripieno di divise morte, che giacciono riversi nella campagna russa. Morti di freddo, di colpi di fucile, di stenti, di coltellate.

Elisa e sua mamma, donne sole, forse non lo sapranno mai. Forse l'unico uomo della loro casa oggi è il milite ignoto. Uno delle migliaia di soldati che non hanno neanche la targhetta di riconoscimento, forse presa da qualche contadino russo per fonderla o scambiarla con due uova.

Il loro padre, il loro marito, valeva due uova. Ma per loro, invece, era tutto.

Quando vado da Elisa mi fa male il grande silenzio che c'è in quella casa. Mi sembra che parlino piano, come se il papà fosse a riposare e non dovesse essere disturbato. Allora anche io tengo la voce bassa, e cammino senza far rumore.

Siamo due ragazze, avremmo diritto di ridere e scherzare, come facevamo prima. Lì non mi viene. È una casa senza sorrisi, dolce ma triste. Non c'è rabbia, ne avrebbero tutti i motivi. C'è la più terribile delle condizioni: l'attesa di qualcuno che non torna.

Certe volte penso se capitasse a me. Se una sera papà non rincasasse dall'agenzia e nessuno sapesse dirci dov'è.

Impazzirei davanti al telefono o mi metterei sulle scale a misurare, a ogni chiamata, i piani che fa l'ascensore salendo.

Elisa e sua mamma non hanno neanche il telefono.

Aspettano una lettera, un telegramma. O che qualcuno suoni alla porta. Anche un solo suono di campanello le renderebbe felici. Che sia il postino o un inviato dal comando per comunicare che il corpo del soldato è stato trovato oppure, magari, che sia lui, con il sorriso aperto della foto tessera, che dice: «Sono stanco, preparatemi una bella cena e un bel bagno caldo, ho freddo».

Ma quel campanello non suona mai. Ogni tanto i vicini, qualche parente. Ma quando loro sanno che qualcuno deve arrivare, lasciano la porta aperta. Non vogliono scambiare quel *drin* per quello che attendono, da mesi, ogni minuto della loro vita.

Il tram si è lasciato alle spalle via Tiburtina e ha imboccato con una curva viale Regina Elena. Siamo stati tutti sballottati. E ora ci ricomponiamo.

Ma è in questo momento che sentiamo le sirene.

«Ma come, ora anche di mattina?» dice il bigliettaio, mentre si tira su il cappello con il pollice coperto dalla gomma con le punte.

Il signore che leggeva «Il Messaggero» fa cadere il giornale a terra, guarda in alto oltre il finestrino aperto per il caldo, e dice solo, con un filo di voce: «Guardate…».

«Sono i nostri» dice il tipo allampanato. Ma non si capisce se è una domanda o un'affermazione.

La signora che parlava con l'autista, anche lei con lo sguardo al cielo, scuote la testa.

«No, sono tanti.»

Quattordici

Chissà cosa sta facendo Margherita. Chissà dov'è. Sono in ansia per lei, è così piccola!

Certe volte la immagino camminare da sola per le strade di Roma. Mi sembra di vederla dall'alto, come se tutta la città fosse deserta e la mia sorellina fosse sperduta, in cerca di qualcosa che non so.

Mi sento colpevole di averla lasciata sola. Certo, ci sono i miei genitori, ma con lei, come con me, non sanno parlare, non ci capiscono. Non è solo colpa loro. Noi abbiamo studiato, loro non hanno avuto la possibilità. Si sono spezzati la schiena, in questi tempi grami, per non farci mancare l'essenziale. Ma quando siamo tutti insieme non si riesce mai, nella conversazione, ad andare oltre le banalità del quotidiano. «Come è andata a scuola, hai finito i compiti, ti senti bene, hai mangiato?...»

Dei punti interrogativi sul nulla, delle discussioni attorno al perimetro del vuoto. E spesso riusciamo persino a litigare. C'è sempre qualcosa che non abbiamo fatto, detto, qualche loro attesa che non siamo stati capaci di soddisfare. Ogni tanto io cerco, anzi cercavo, di portare le nostre conversazioni su altri temi. Sulla guerra, sulla fame, sul fascismo. Su tutto quello che non mi piaceva. Avrei voluto urlare a mio padre, in particolare, che era lui a non aver soddisfatto le nostre attese, i nostri bisogni, i nostri desideri. Era lui, la sua generazione, a essere in debito con me. Era lui, padre e padrone, che si doveva sentire in dovere di dire a Margherita e a me: «Scusate, per ignavia o per conformismo, per infingardaggine o per ingenuità, io, sì, anche io, vi ho portato in questo inferno. Io, sì, anche io, vi ho costretto a correre al buio nei rifugi, perché è possibile che moriate sotto delle bombe. Io, sì, anche io, ho assecondato un regime che non è neanche capace di darvi da mangiare e io, sì, anche io, ho esaltato un pazzo che ha mandato milioni di nostri fratelli a morire per una guerra stupida e inutile».

Ma non lo ammetterà mai, non può ammetterlo. Non è colpa sua, è cresciuto così, gli hanno insegnato che esisteva un solo Dio e un solo Duce. Io invece non credo più né all'uno né all'altro. Credo solo nell'uomo, nella sua capacità di decidere il proprio destino. Dio e il Duce mi dicono solo quello che posso e quello che non posso fare. Solo divieti, prescrizioni, annunci di punizioni divine o terrene. E la promessa, non verificata, di futuri paradisi celesti o terreni.

Io voglio essere libero, in tutto. Anche di credere in Gesù, ma non in quel gigantesco baraccone che in suo nome si è costituito e che spesso si fonda su ipocrisia per sé e induzione del senso di colpa per gli altri.

Ecco, io non voglio convivere sempre con il permanente senso di colpa, non voglio misurare ogni mio gesto comparandolo con le tavole delle regole prescrittive che qualcuno, con una stola rossa o una camicia nera addosso, vuole imporre a milioni di persone fidando sull'assenza del dubbio, sul bisogno di rassicurazione e di guida che molti usano per sostenere le proprie fragilità o le proprie solitudini.

Se avrò un figlio, se mai lo avrò, lo chiamerò Libero.

Voglio che fin dai primi vagiti assapori la bellezza della sovranità assoluta sui suoi giorni, che decida il suo cammino sulla Terra, con le proprie regole, anche morali, senza seguire quelle decise da altri. Regole standard, come le prescrizioni delle medicine. Regole universali, studiate per disciplinare il mondo, non per fargli esprimere tutte le sue possibilità. Regole valide per un bimbo e un anziano, per un ragioniere e un contadino, per una donna in cerca di marito e una vedova di guerra.

Tenetevele, le vostre regole.

Io e mio figlio saremo liberi di vivere la vita che scegliamo. Liberi.

Per questo sono qui. Per questo sono scappato da casa. O meglio, sono scappato dalle imposizioni, dal vuoto di parole senz'anima, dai rituali assurdi di chi pensa di attraversare un tempo ordinario. Come fanno a non capire che il mondo sta cambiando, che il futuro di tutti noi sarà diverso, presto? Chiedono a Margherita e a me se abbiamo fatto i compiti perché non vogliono guardare fuori dalla finestra. Hanno paura del tempo che si avvicina perché non sarà più come quello che si sta allontanando.

Ho cercato di dirglielo in tutti i modi.

Una sera che mamma e mia sorella erano andate da nonna, a Garbatella, ho anche affrontato mio padre. Gli ho ribadito a brutto muso quello che pensavo, gli ho detto che non avrei più fatto quello che voleva lui, non avrei più indossato quelle ridicole divise con le quali mi aveva infelicitato l'infanzia, non avrei nemmeno più accettato che lui esaltasse il Duce o il suo tanto amato Presidente davanti a me o a Margherita.

Era finito il tempo dell'obbedienza, almeno tra quelle quattro mura. Da quella sera sarei stato gravemente disobbediente, avrei raggiunto i miei compagni disobbedienti, avrei cercato di propagandare le loro idee disobbedienti, avrei cercato di impedire agli obbedienti di far diventare obbediente chi voleva essere disobbediente.

Mio padre era paonazzo, sopportava il mio fiume di parole, la mia irruenza, con rabbia compressa, temevo esplodesse. Mi disse che ero un moccioso ingrato. Che se avevo studiato, se avevo imparato quelle parole che ora gli sputavo addosso, lo dovevo solo a lui, ai suoi sforzi per farci crescere nel modo migliore. E dovevo essere riconoscente anche al Duce, anche al Presidente Morgagni. Grazie a loro, solo grazie a loro, lui aveva un lavoro; grazie a loro, solo grazie a loro, io trovavo sempre qualcosa di caldo sulla tavola; grazie a loro, solo grazie a loro, a Natale avevo i regali che non avevo mai rifiutato, anche se venivano da quelle persone che ora dicevo di odiare.

Ingrato e ribelle, disse proprio così. Ero ingrato e ribelle. Mi chiese cosa pensavo di fare.

Voglio essere libero e ribelle. Ingrato no. So quello

che mio padre ha sofferto e non posso dimenticarlo. Ma questo non lo assolve dalla colpa di aver tenuto bordone al regime.

«Libero e ribelle, questo voglio essere. Non rompo con questa casa, tornerò ogni tanto. Voglio troppo bene a Margherita e a voi, non potrei vivere senza sapere cosa ne è del vostro destino. E poi, papà, può darsi che presto i ruoli tra noi si capovolgano. Può darsi che tra un mese o un anno sia io a dover proteggere te. Come fai a non accorgerti che tutto sta crollando e che tu rischi di restare sotto le macerie, trascinando anche noi? Credi forse che, dopo, non ci si ricorderà di chi è stato da una parte e di chi dall'altra? E devi sperare, dovete sperare, che noi saremo più magnanimi e più umani di voi.»

«Noi e voi, mi parli così. Tu, mio figlio. Ti ho cresciuto con un amore infinito, ho cercato di metterti bene sui binari della vita. Ti ho vestito, fatto mangiare, portato a giocare e in vacanza. Ti ho fatto studiare e ti ho dato un tetto sotto cui vivere. E tu ora dici "noi e voi", come fossimo non un padre e un figlio ma duc ncmici?»

«Noi siamo due nemici, papà. C'è poco da fare. Due nemici che si amano, ma due nemici. O tu o io resteremo nella storia. Non tutti e due. O vinco io o vinci tu. Non c'è pareggio, stavolta. Mi dispiace ma è così. Devi capire che il mio posto ora è fuori da qui, stasera comincia la mia nuova vita. E non riuscirai a fermarmi. Ma tornerò, ogni tanto.» La voce mi si stava strozzando in gola.

«Tornerai per mangiare e per farti lavare i panni.

Come fossimo un albergo. Ma non so se troverai la porta aperta.»

Papà ha detto parole che non avrebbe voluto dire, lo conoscevo troppo bene. Infatti è diventato triste, la rabbia che gli faceva fremere le labbra si accompagnava alle lacrime che ora gli arrossavano gli occhi.

Io ho fatto per andare via, volevo separarmi dal dolore che avevo provocato, mettere distanza dal vuoto che da quel momento si sarebbe vissuto, con un posto in meno a tavola, nella mia famiglia. Ho messo in una borsa quello che mi serviva. Le mutande o le camicie le avrei lavate da solo. Avrei imparato, avrei fatto come i miei compagni, mi avrebbero insegnato. Sarei tornato non per usufruire dei servizi "dell'albergo", ma per avere notizie di loro e per seguire Margherita.

Ho aperto la porta di casa, senza voltarmi. Non riuscivo a farlo. Ho lasciato papà in piedi in corridoio dove mi ha inseguito con quella brutta ultima frase.

Ho sentito dire: «Arnaldo, aspetta».

Mi sono voltato. Papà mi ha raggiunto. E ha fatto la cosa che meno mi aspettavo. Quella che non ha mai fatto per tutta la sua, la nostra vita.

Mi ha abbracciato. Non è mai successo, neanche quando ero bambino.

Mi ha stretto forte e mi ha sussurrato, piangendo: «Stai attento, ti prego, figlio mio».

C'è un rumore terribile, inquietante. Un rumore che conosciamo, ma stamattina è più forte, è nuovo. Noi siamo sulla terrazza e qualcosa, un'ombra, mi copre, ci sta superando.

Il responsabile del comitato e gli altri compagni alzano la testa verso il cielo. Lo faccio anche io. E penso a quella frase di mio padre mentre vedo che dalla pancia degli aerei che ci hanno già superato non escono volantini, ma delle grandi supposte di metallo. Prima sono in orizzontale, poi si mettono in verticale.

Chissà cosa sta facendo Margherita.

Chissà dov'è.

Quindici

Quando Giovanni Gentile, il filosofo del regime, si era rivolto per radio agli italiani parlando dall'aula di Giulio Cesare in Campidoglio, aveva detto parole chiare: «Potremo noi temere che questa Italia immortale, che splende agli occhi di tutti nel mondo, se è viva negli animi nostri, perisca sotto i colpi di ebbri piloti di fortezze volanti? Potranno cadere anche le mura e gli archi, che sono rimasti per millenni a celebrare la maestà di Roma e la barbarie dei suoi nemici; potranno, in questa lotta del nuovo continente restio infine e sordo all'azione incivilitrice dell'Europa e cioè di Roma, i nuovi barbari compiere l'azione devastatrice degli antichi; ma ci può essere uomo al mondo, di qua o di là dell'oceano, che pensi di far tramontare la gloria di questo Campidoglio fulgente?».

Era fine giugno. Meno di un mese fa. Eravamo tutti in agenzia ad ascoltare l'EIAR. Qualcuno si chiedeva perché non l'avesse tenuto Mussolini, quel discorso. Qualcun altro, con l'aria di chi conosceva le vere cose, aveva risposto che lo sapevano tutti che il Duce era seriamente malato, che soffriva di un'ulcera terribile, che ormai viveva rinchiuso a Palazzo Venezia e che Scorza, il nuovo segretario del partito, aveva pensato fosse più opportuno che non fosse il capo del fascismo a parlare in quel momento, ma il più autorevole filosofo del regime. Doveva infondere fiducia alla nazione, rassicurare sull'esito del conflitto, far capire che stavamo per uscire dal tunnel della fame e delle bombe.

Ma quando abbiamo finito di ascoltare, noi del personale tecnico ci siamo guardati in volto, smarriti. Su di noi, almeno su di noi, quelle parole avevano sortito l'effetto opposto. Io mi chiedevo: perché se fino a ieri si escludeva il bombardamento di Roma anche come possibilità – per il Vaticano, il Colosseo e tutto il resto – ora improvvisamente si faceva l'ipotesi, alla radio, che l'Italia potesse perire sotto i colpi delle fortezze volanti e persino si specificava: «Potranno cadere anche le mura e gli archi di Roma?».

Quindi il rischio esiste. Hanno ragione le beghine e le popolane del "dice che…" e non le costanti rassicurazioni, talvolta beffarde, che circolano nel partito, nei ministeri e nel cuore dell'informazione del regime, la nostra agenzia Stefani.

Non è stata solo la mia impressione, ma quella di tutti. Anche l'addetto alla posta pneumatica, il più fascista dei fascisti tra noi, ha sbarrato gli occhi ed è andato via mogio. La segretaria del direttore deve aver poi riferito al suo capo la nostra reazione, la reazione di persone semplici, perché poi ci ha fatto vedere in gran segreto la copia di una lettera che lo stesso Suster aveva fatto partire con destinazione Gaetano Polverelli, ministro della

Cultura popolare: “Il discorso sarebbe stato giudicato piuttosto deprimente. Tutto il tono e lo spirito del discorso avrebbe dato a molti la sensazione che la sconfitta militare sia considerata come inevitabile e quindi la resistenza e il combattimento valgano per raggiungere una vittoria ideale”.

Per questo, il giorno dopo, sono entrato nell’ufficio di Sua Eccellenza e gli ho fatto, audacemente, quella domanda sulla possibilità di bombardamenti sulla capitale.

«Volete che vi chiami il direttore Suster?» dico a Sua Eccellenza per far capire che sono io a essere entrato nel suo ufficio.

Il Presidente si volta, si allontana dalla finestra e mi guarda. È come immerso in pensieri che non sono in quella stanza. Ha uno sguardo assente, malinconico, inquieto. Non sembra sorpreso di vedermi, come se non ricordasse la domanda impropria che mi aveva rivolto, voltandomi le spalle.

«Perché volete chiamarmi Suster?»

«Quando sono entrato mi avete chiesto come andava a Feltre, immagino che il direttore sia la persona giusta per rispondervi.»

Fa passare un tempo incongruo prima di assentire con la testa.

Quando esco lascio l’uscio aperto, in fondo sarebbe passato solo qualche istante prima dell’arrivo del direttore. Che infatti si materializza e, trovando la porta aperta, non la chiude. Sua Eccellenza è talmente sovrappensiero che non se ne accorge.

E così io ascolto la loro conversazione.

«Hai notizie da Feltre?»

«Per ora no. So solo che sono in viaggio. Mussolini e Hitler hanno preso due voli che li hanno condotti a Treviso. Di lì sono saliti su un treno che li ha trasferiti a Feltre, ma hanno ancora un'ora di viaggio in automobile per raggiungere la villa del senatore Gaggia. Forse si poteva scegliere un luogo più comodo. Arriveranno stremati. Già il colloquio non si presenta facile...»

«Ti voglio parlare con franchezza. So da fonte certa che Mussolini è intenzionato a porre con molta determinazione il problema del sostegno tedesco alla nostra guerra. Servono cannoni, aerei, munizioni, carri, batterie contraeree. Il generale Ambrosio, un tipo che non mi è mai piaciuto fino in fondo, incontrerà il feld maresciallo Keitel con richieste precise, ultimative.»

«In che senso ultimative? Qual è l'alternativa? In fondo i tedeschi potrebbero dirci che è affar nostro, che loro hanno tanti fronti aperti, che la guerra va male anche al Führer. Cosa possiamo minacciare? La pace separata con gli Alleati?»

«Non credo proprio che Mussolini tradirebbe Hitler. E poi, per prima cosa, dovrebbe recuperare dai Balcani e dall'Egeo le ventisei divisioni lì impegnate, solo in questo modo sarebbe possibile rafforzare il presidio dei confini. Ho saputo dall'ambasciatore Alfieri che a Berlino circola la voce che Hitler stia preparando un'arma segreta, prodotto della scienza e dell'industria tedesca, che sarà decisiva per sancire in modo definitivo la vittoria dell'Asse. Comunque la sensazione è che oggi il

Duce le canterà al Führer. Ci devono aiutare; dopo l'invasione alleata della Sicilia, abbiamo bisogno di mezzi e forze per presidiare la Calabria e il resto del Sud. Tienimi informato costantemente delle notizie che ricevi.»

«Sarà mia cura. Di un'ultima cosa ho il dovere di metterti a parte. Il nostro corrispondente a Berlino mi riferisce invece che negli ambienti della cancelleria del Führer si dice che sarà lui a fare la voce grossa con il Duce. Sembra che i tedeschi siano stanchi di tentennamenti e inerzie. Vogliono che il Duce si liberi dall'ipoteca della monarchia, che rimuova i generali traditori e felloni, che affidi il comando militare alle mani del Reich. *Relata refero.*»

«Vedremo. Feltre può essere la svolta nella guerra. Sono le undici, tra poco dovrebbero iniziare i colloqui. Concorda con Polverelli ogni informazione da rendere pubblica. È tutto molto delicato.»

Non fa in tempo a finire la frase che si sente un gigantesco scoppio.

Tutti accorriamo alle finestre.

Il cielo di Roma è nero, coperto da stuoli di aerei.

Sganciano bombe. Se ne fregano del Vaticano e del Colosseo.

Sono arrivati.

Devo chiamare casa, sapere dove sono Maria e i ragazzi.

È Arnaldo che mi preoccupa più di tutti.

Sedici

Non trovo più Elisa, né sua madre. Le porte del tram si sono aperte e molti sono scesi di corsa. Io no, io sono rimasta qui. Vedo dal finestrino il bigliettaio che scappa tenendosi il cappello e i due signori che parlavano dei bombardamenti che mi fanno, in modo concitato, segno di scendere.

Non ce la faccio, sono paralizzata dalla paura, me ne rendo conto.

L'autista è inchiodato al suo posto e urla. Un grido lancinante, che mi attraversa i timpani. Vicino a lui la signora con cui stava parlando si è messa in ginocchio e prega in latino. Il ragazzo che aveva in mano il libretto universitario ora è piegato su se stesso e lo cerca tra i sedili. Gli è volato via.

Non so cosa fare: questo tram mi sembra comunque una casa sicura, capace di proteggermi dalle bombe; c'è comunque un tetto sopra di me, anche se non è quello di casa mia. Fuori potrei correre, ma per andare dove? Se le bombe cadono come le vedo, grappoli di ferro che esplode, magari mi colpiscono, mentre sto cercando di salvarmi.

Ora il ragazzo mi prende per un braccio, mi scuote. L'autista continua a urlare, la signora a sussurrare veloce veloce:

«*Pater Noster qui es in caelis*
sanctificetur nomen tuum,
adveniat regnum tuum,
fiat voluntas tua, sicut in caelo et in terra.
Panem nostrum quotidianum da nobis hodie,
et dimitte nobis debita nostra,
sicut et nos dimittimus debitoribus nostris,
et ne nos inducas in tentationem,
sed libera nos a malo».

Libera nos a malo.

Su queste ultime parole della preghiera ritorno in me. Il ragazzo mi ha preso per mano, la stringe, mi guarda negli occhi e mi dice: «Dài, andiamo, corri, scappiamo da qui».

Sì, andiamo, mi fido di te.

Scendiamo, ma di Elisa e della sua mamma non c'è traccia, le bombe continuano a cadere. Una colpisce, poco lontano da noi, i palazzi dell'università, quelli di medicina, credo. Non sappiamo dove dirigerci, io e il ragazzo non riusciamo a sentirci, tanto è forte il frastuono delle bombe e quello delle urla della gente.

Attorno è solo fumo e fuoco. Gli aerei sono sempre sopra di noi. Vedo una bomba, alla fine di viale Regina Elena, centrare in pieno una macchina, forse una Fiat 1100 nera.

Deve essere un pezzo grosso. La targa mi sembra quella dell'esercito, l'aveva uguale il papà di una mia compagna di classe, un generale, che veniva a prenderla a scuola.

Cerco, mentre corriamo in giù, verso il Verano, di vedere se appaiono Elisa e la sua mamma. Ma non ci sono.

Il ragazzo ha detto di andare in direzione del cimitero perché è sicuro che lì non bombardino, non possono mica voler uccidere i morti.

Io mi fido di lui. Intanto però arrivano delle bombe proprio in quella direzione. I binari del tram su cui siamo passati poco fa sono divelti e si librano nell'aria come delle sculture, delle linee interrotte. I cavi elettrici volteggiano come impazziti, provocando delle assurde scintille. Fuoco nel fuoco.

Nell'aria c'è odore di gas, di benzina, di ferro, di morte.

Nell'intervallo di tempo tra le diverse ondate di caduta delle bombe, si sentono i colpi delle mitragliatrici piazzate evidentemente sugli aerei. Sparano a bassa quota, con l'obiettivo di uccidere.

Mentre corriamo verso una delle poche tettoie rimaste in piedi, vedo un uomo piegato vicino ai corpi di due donne, una adulta e una bambina. Cerca di fermare il sangue con un fazzoletto, ma, siccome non basta, si toglie anche la camicia. «Romolo, muoviti! Mettiti al riparo, vieni» gli grida un suo amico. Ma lui ha la testa bassa, prende la bambina e la stringe al suo petto nudo che si tinge di rosso. Resta lì, fermo.

Una casa è scoperchiata, si vedono in un appartamento due corpi sul letto, avvinghiati come li ho visti nei film. Ma sono nudi e immobili.

Ogni tanto le bombe smettono di cadere. E allora, come si fa quando cessa di piovere, ci si muove veloci.

Io vorrei tornare a casa, vorrei sapere dei miei, di Arnaldo. Ma non so dove è giusto andare. Corro in una direzione e subito dopo in quella opposta. Il ragazzo, si chiama Giulio, mi ha lasciato davanti a una farmacia. Ha detto di aspettarlo lì. Ma io non so se ce la faccio. Ho paura.

E se bombardano anche qui? Se mi sparano con i mitragliatori? Intorno vedo solo gente disperata, sento solo urla, vedo piovere dall'alto piume di cuscini e farina. Non voglio stare qui da sola, voglio andare a casa.

Mamma mi starà cercando ovunque, se non le è successo nulla.

Dio, non posso pensarci.

E Arnaldo, dove sarà? Riusciremo mai a stare di nuovo tutti insieme? Mi mancano i nostri pranzi banali, le discussioni per un nonnulla, i pomeriggi a studiare, il calore dei capelli di mio fratello che sfiorano i miei. Mi mancano la scuola, le mie amiche, i pomeriggi a leggere le storie di ragazze come me.

Finalmente da lontano vedo Elisa: mi sta gridando qualcosa, ma in questo frastuono non si capisce nulla. Agita la mano, io faccio lo stesso.

Una delle due deve attraversare la strada per raggiungere l'altra. Però le bombe hanno ripreso a cadere fitte fitte. Guardiamo il cielo, cerchiamo di capire la direzione degli ordigni, voltiamo la testa a destra e a sinistra. Le faccio cenno di attraversare la piazza, di raggiungermi sotto la tettoia della farmacia Sbarigia.

Lei esita. Le domando a gesti se vuole che vada io da lei. Ma la mia amica è quasi in mezzo alla strada, non ha nulla sulla sua testa, dove ci ripareremmo?

Un cavallo corre impazzito nitrendo e alzando il capo in mezzo al piazzale, vedo il bigliettaio del mio tram che stringe al petto l'autista per confortarlo. Siamo ancora tutti là. Abbiamo corso come pazzi ma siamo rimasti in un fazzoletto di spazio.

Ora l'oltre è la morte.

Elisa mi fa capire che ha paura. Vorrei sapere della sua mamma, perché vedo che è sola. E vedo che piange. Vorrei riuscisse ad attraversare questo spiazzo di asfalto macilento. Vorrei che ci confortassimo, abbracciassimo, continuassimo a poterci sentire figlie e amiche.

Ma le bombe hanno ripreso, il rumore è assordante. Tutti sono sotto delle tettoie, sapendo che in fondo neanche questo serve a nulla. Dove si può essere mai al riparo durante un bombardamento? Ora me ne rendo conto. Non in una casa, non all'aria aperta, non per strada, neanche in un cimitero. Lo vedo, da qui, che hanno colpito anche lì, che i morti ora sono esposti al sole sanguinoso di questo giorno di luglio, esattamente come i vivi.

Giulio aveva torto, nemmeno il Verano è stato risparmiato.

Dove mi direbbe di andare mamma? Dove si aspetta che sia, se mi sta pensando, se può pensarmi?

Sono una ragazza giudiziosa, ma ora la sto facendo stare in pena. Lei pensa sia a casa, non sa della bugia che ho detto a papà – che io sia maledetta –, del mio desiderio di stare alla stazione con Elisa e sua madre.

Quando torno, se mai tornerò, se la prenderanno con me. Ma forse questo è il giorno di altri giudizi, più definitivi. La mia bugia è una inezia, in questa tragedia.

Elisa mi guarda, interrogativa. È una bambina come me, come me non sa cosa si debba fare ogni giorno, ogni momento. Figuriamoci sotto le bombe. E poi perché sua mamma non è con lei? Cosa è successo? Si sono perse, o lei è stata colpita? Vieni qui, Elisa! Sbrigati, raccontami, abbracciamoci.

Continuiamo a scrutare il cielo, a guardare a destra e a sinistra. A cercare di decifrare rumori che non conosciamo, ai quali non siamo abituate. Fremiamo dalla voglia di ricongiungerci ma abbiamo paura. Lei è terrorizzata, sembra paralizzata. Ma non può stare così, senza un riparo, solo appoggiata a un muro che non ha neanche una grondaia per proteggerla.

Ora mi sembra che ci sia uno spiraglio, i rumori sembrano più lontani, il cielo è meno nero di aerei in formazione.

«Dài, ora! Vieni!» le urlo e accompagno le grida con i gesti.

Lei piange, si guarda intorno, non c'è nessuno che può aiutarla. Sembra che non sia capace di staccarsi da quel muro. Fa un passo in avanti, ma poi si ritrae.

Volta la testa, frenetica, in ogni direzione.

Poi, finalmente, comincia a correre verso di me.

Diciassette

«Stanno bombardando!» Alcuni di noi, i più giovani, si abbracciano e ridono.

Io no.

Loro, i ragazzi come me, urlano: «Ora gliela fanno vedere al Puzzone! Puntate Palazzo Venezia! Scaricate tutto! Viva gli Alleati!».

Il più vecchio tra tutti noi, uno che era stato ferito dai soldati del generale Bava Beccaris nel 1898, si gira e la sua voce risuona, sulla terrazza, più forte del rumore degli aerei.

«State zitti, imbecilli! Non capite che ora ci sarà la morte, per tanta povera gente? Non c'è niente da festeggiare. Proprio niente, mettetevi giù! Molti piangeranno, nel popolo di Roma. E noi siamo dalla loro parte, noi siamo con loro.»

Mi giro verso il comandante. Lui mi ha raccontato di Oliver Twist, lui può capire quello che sto per dirgli. Sto per dirgli che vado, il mio posto è altrove. Che tornerò, certo che tornerò, ma ora devo andare.

La mia famiglia è da quelle parti, se capisco la direzione dei bombardamenti. Se capisco il senso, l'intenzione di quei bombardamenti.

Sono centinaia, gli aerei. Li riconosco, sono un appassionato: quelli che stanno sganciando i confetti metallici, forse da cinquemila metri di altezza, sono dei B-17, le Fortezze volanti, e vanno verso la stazione, verso la ferrovia.

È lì che devono colpire; certo, è giusto che colpiscano lì.

Ma è lì che vive la famiglia De Dominicis, è lì che mia mamma va a cercare il cibo nei mercati, è lì che mia sorella va a spasso con le amiche, specie con Elisa, che abita vicino.

Comandante, devo andare.

Il mio posto è lì, gli dico.

Stai attento, mi dice.

Saluto gli altri, che non chiedono nulla, capiscono.

Capiscono anche i ragazzi, mortificati per la loro improvvisa, incongrua allegria.

«Hanno bombardato San Lorenzo!» è la prima cosa che tutti urlano per le strade impazzite di Roma. Monto sulla mia bicicletta e corro verso la stazione. C'è un momento di pausa dei bombardamenti, ma è possibile che riprendano presto, molto presto.

La gente per le strade si sparge in ogni direzione, come un formicaio assediato, attraversa la strada guardando in alto.

Io rischio di investire qualcuno.

Ma sono piegato sui pedali, che spingo forte, più forte che posso, come se la mia bicicletta potesse andare più veloce degli aerei bombardieri.

Arrivo a casa, lascio la bici per terra, la portiera mi grida qualcosa, ma io non capisco. Faccio i gradini a due a due, ho il cuore in gola. Le mani, nel cercare le chiavi in tasca, mi tremano. Le trovo, sarebbe bello se solo riuscissi a infilarle nella toppa.

Ora la porta si è aperta, c'è troppo silenzio, non mi piace. Perlustro di corsa le stanze, ogni curva una speranza. Chiamo mamma e Margherita, ma le loro voci devono essere altrove.

Torno sui miei passi, come in un film proiettato al contrario. Richiudo la porta, scendo le scale, ma stavolta mi fermo a parlare con la portiera, della quale prima avevo sentito solo le parole: «Che disastro, Arnaldo, hai visto che...».

Le chiedo se ha notizie dei miei. Lei, con il fazzoletto che contorce tra le mani, mi risponde solamente: «Tua mamma, dopo la prima ondata e prima della seconda, è uscita per cercarvi. Margherita l'ho vista andare via presto, stamattina, di corsa, e non è mai rientrata...».

«Non sapete dove andava?»

«Non mi ha detto nulla. Le ho urlato: "Ma dove corri alle otto di mattina? La scuola è finita a maggio, non ti hanno avvertito?".»

«E lei cosa ha risposto?»

«Sembrava imbarazzata, mi ha detto solo che doveva vedere la sua amica Elisa, quella che ogni tanto viene a casa, quella con il padre disperso in Russia, poverina...»

«Sono andate alla stazione, sono sicuro. Se torna qualcuno della famiglia ditegli di fermarsi qui, altrimenti ci cerchiamo tutti per tutta Roma, per tutto il giorno.»

«Sì, ma tu stai attento, vai sotto i cornicioni, non in mezzo alla strada, con quella bicicletta.»

Me lo dice, non la sento, mentre già sto risalendo via Padova per prendere via Lucca e poi via Vigevano.

Da lì imbocco viale dell'Università.

Mi blocco, metto i piedi a terra, sento il manubrio scivolarmi via dalle mani.

È tutto distrutto, un cumulo di macerie, corpi per strada.

La portiera mi raccomandava di stare sotto i cornicioni. Ma quali cornicioni?

Non ci sono più i palazzi. Se non si scorgesse il Verano in lontananza sarebbe persino difficile capire dove ci si trova.

Intanto il rumore, quel rumore, ritorna prepotente nelle orecchie.

Non hanno finito.

Ricominciano a cadere delle bombe. Si sentono i colpi della contraerea, le sirene che riempiono l'aria. Qualcuno mi prende per un braccio e vuole tirarmi dentro un portone, io mi divincolo, ho paura dei luoghi chiusi.

Preferisco vederlo, il bombardamento, preferisco viverlo.

Preferisco morire in mezzo alla strada, sotto il sole

di luglio di questa giornata con il cielo sereno, piuttosto che rimanere schiacciato sotto dello stupido cemento.

C'è un gran polverone e una terribile puzza di gas. Ci sono autobus rovesciati a terra, come fossero macchinine. C'è un tram deserto, binari divelti, cani che abbaiano, bambini che piangono.

Ne vedo uno con una biglia in mano, che parla da solo, quasi assorto, come se non si fosse accorto di quello che sta accadendo. Lo tiene per mano una ragazza, forse una sorella, una cugina o una donna di servizio, che intanto si è tolta la camicetta. Cerca di frenare il sangue che zampilla dal collo di un altro bambino; ai loro piedi c'è una copia insanguinata del «Corriere dei Piccoli».

È la prima volta in vita mia che vedo una donna in reggiseno. Ma provo solamente pena, una grande pena.

Ora sento un fortissimo, impossibile, odore di birra. Mi sembra di impazzire. Poi capisco: devono aver colpito la fabbrica Wührer a San Lorenzo.

C'ero andato l'anno scorso con papà a ritirare delle cassette di bottiglie che il suo Presidente gli aveva regalato per il compleanno. Ora birra e polvere si mischiano, la gente è ubriaca di dolore.

Appena il rumore delle bombe si affievolisce, le persone cominciano a chiamarsi tra loro.

Qualcuno usa il nome, ma spesso ci sono più di un Cesare, più di un Romolo, più di una Maria o di un Giuseppe. E allora si passa ai cognomi, come un grande appello di scuola. Ma stavolta rispondono in pochi, ci devono essere molti assenti.

Una donna anziana è ferita alla testa, sta sdraiata a terra vicino al tram abbandonato. Attorno a lei c'è un vecchio spaurito, che si guarda intorno come se non capisse dov'è, e forse persino chi è lui stesso.

La donna ha un filo di voce, forse l'ultimo.

Dice solo: «Nun te preoccupa', Giova', mo' mamma se arza e se ne annamo a casa».

Diciotto

Cosa faccio ora? Chiedo al Presidente se posso andare via? Al numero di telefono di casa mia non risponde nessuno. La portiera, almeno lei era nella sua guardiola, mi ha detto che il nostro palazzo non è stato bombardato, ma che intorno è tutto un inferno.

E mi ha allarmato: mia figlia è uscita presto, spero non per andare alla stazione Termini con la sua amica, glielo avevo proibito. Mia moglie si è precipitata in strada per cercarla, mio figlio è passato poco fa in bicicletta, questo sciagurato, e ora sta in giro per trovare sua sorella e sua madre.

E io sono qui, con la mia divisa da usciere, in questa anticamera presidenziale di un palazzo del centro di Roma, ad aspettare che la bolgia creata in agenzia si plachi e io possa finalmente entrare e chiedere a Sua Eccellenza il permesso di andare a cercare i miei familiari.

Non sto nella pelle, non so cosa fare.

Il mio dovere è qui. La mia famiglia è sotto le bombe.

La segretaria Rosa è più tranquilla. La sua famiglia

vive al Trionfale e li ha sentiti al telefono, stanno tutti bene, a casa.

Beata lei.

Invece l'autista del Presidente, il mio amico Giacomo, abita a San Lorenzo. Non ha il telefono a casa, e freme. Come me. Lui ha avuto l'ardire di domandare a Sua Eccellenza se poteva andare a cercare notizie dei suoi ma gli è stato risposto di no. La segretaria ha scosso la testa, dopo aver abbassato la cornetta del telefono di bachelite nera. Gli ha detto che forse il Presidente, vista la situazione, avrebbe dovuto muoversi, andare al partito, al ministero o addirittura a Palazzo Venezia. Ora Giacomo è seduto su una seggiola, in fondo al corridoio, dove nessuno lo può vedere se non io, e tira dei gran pugni contro il muro, in silenzio.

Per questo precedente io sono titubante, non so cosa sia giusto, se domandare o no.

Mi sembra inopportuno, mentre tutto sta crollando, porre un problema così personale. Però sono i miei figli, è mia moglie.

È tutto quello che ho, è la mia vita.

Mi faccio coraggio, busso alla porta. Nessuno risponde. Guardo Rosa, che mi ha incoraggiato. Lei si sistema i capelli dietro l'orecchio, come fanno le donne quando sono tese, e con gli occhi e un cenno della testa mi dice di insistere. Ribusso, ancora niente. Forse ho fatto piano, forse lui è sovrappensiero.

Allora decido di essere sfrontato, abbasso lentamente la maniglia.

Mi sembra passi un secolo dall'inizio di quel gesto al momento in cui uno spiraglio si apre.

Lo vedo. È in piedi, ancora di spalle, guarda dalla finestra, appeso ai suoi pensieri.

«Eccellenza, scusate se mi permetto, so che non è il momento ma...»

Il Presidente non mi risponde, non credo si sia accorto della mia titanica fatica: bussare, aprire quella porta, dire con un filo di voce quella stupida frase.

Ho perso anni di vita, in questi secondi.

Ma lui ha gli occhi sul destino di Roma. Anche io, guardando lui davanti ai vetri, vedo le volute di fumo che coprono il cielo della città eterna. Mi sento piccolo, uno gnomo, con le mie ansie di padre e marito. Decido una retromarcia, tanto non mi ha neanche sentito. Un passo, una maniglia usata con dolcezza, senza far rumore, e tutto torna come prima. Torno indietro e non sembro, ai suoi occhi, il nano che sono in questo momento.

Sto per richiudere la porta, piano piano, quando sento provenire una voce dalla finestra.

«Ascenzo, cosa fai ancora qui? Corri dai tuoi, vicino a casa tua hanno bombardato. Vai dai ragazzi, da tua moglie e poi fammi sapere il loro destino.»

Raramente mi dava del tu, solo quando la dimensione privata superava i nostri ruoli: lui un'Eccellenza e io un usciere.

«Ecco, Presidente, mi ero permesso di disturbarvi proprio per chiedere se potevo domandare un permesso e raggiungere la mia famiglia. Sono in pena, ma se voi avete bisogno di me...»

Sua Eccellenza Morgagni si volta, adirato.

«Ti ho appena detto di correre a casa. Sei sordo? Ma quale permesso? Vai e assicurati che Maria, Arnaldo e Margherita siano in salvo e stiano bene. Riportali a casa, Ascenzo.»

«Grazie, Eccellenza. Grazie davvero. Vi terrò informato.»

Mi tolgo la giacca di servizio e rimetto la mia. Scendo le scale con il cuore gonfio di riconoscenza per la generosità mostratami dal Presidente.

Ma come posso arrivare da via di Propaganda, insomma da piazza di Spagna, fino a piazza Bologna?

Filobus e tram non camminano. Con quelli ogni giorno arrivo da casa e con quelli torno la sera. Ora come faccio?

Faccio come da ragazzo per andare a scuola, faccio come ho fatto per anni da giovane, quando portavo la posta: cammino, anzi corro.

Corro da voi e così magari vi incontro, per strada.

Magari vi siete già ritrovati e io vi vedo da dietro, vi chiamo, e voi vi voltate. Voi, io, torniamo insieme a casa. Siamo una famiglia. La famiglia De Dominicis che torna tutta unita. E Arnaldo che ricomincia a dormire vicino a sua sorella. La mattina si fa colazione tutti insieme, a cena si litiga per delle stupidaggini. E tutto torna come era prima.

Prima di questa guerra che ci ha divisi, sparpagliati, messi l'uno contro l'altro, fatti sentire morti annunciati.

Mi viene in mente una definizione che non accetto

compaia nel mio cervello. La usano gli altri, i nemici, non io che amo il Duce e Sua Eccellenza, che lo serve con tanta fedeltà e devozione.

"Sporca guerra", Arnaldo usava questa frase, quando litigavamo. E io sentivo di non riconoscere più mio figlio, quel figlio che ho chiamato così per omaggio al fratello del Duce.

"Sporca guerra", come si poteva dire una frase simile senza apparire dei disfattisti, dei traditori, dei nemici dell'Italia?

Eppure ora, mentre corro a perdifiato, questa frase mi torna in mente.

E mi vergogno che accada.

Arrivato alla stazione ho bisogno di rifiatare. Ma non posso. Guardo l'orologio, sono le dodici e mezza. Ci sono state già tante ondate di bombardamenti. Le ho sentite in agenzia e poi, mentre correvo, ho visto gli aerei che si dirigevano di nuovo verso la stazione o la Tiburtina, non so.

Ma ora ci sono sotto anche io, vedo i nemici sulla mia testa, capisco che stanno per sganciare ancora. Passano e ripassano, sono tanti. Scatole d'argento che seminano morte.

Mi riparo alla Casa del Passeggero, vicino alla stazione.

È un posto che conosco. E che mi piace tanto. Sembra una delle terme dell'antica Roma. Qui si può venire a farsi la barba, i capelli, il manicure e il pedicure.

C'è sempre un odore di pulito, di acqua di colonia e di talco. Ha una tettoia in vetro e ferro battuto e all'interno una scalinata che porta al piano superiore, dove si dice che ci siano signorine disposte a tutto, insieme a dattilografe e addette alle mani degli ospiti. Ci sono anche stanze per riposare, destinate ai passeggeri della stazione ma utilizzate, dicevano in agenzia, anche da molti che vengono qui per soddisfare i piaceri della carne.

Ora però si trovano solo persone spaventate. Una signora con una profonda ferita al volto è stata adagiata sulla sedia del barbiere e questo rende la scena abbastanza ridicola; un ragazzo, avrà quindici o sedici anni, è sconvolto dalla paura e una donna, forse una di quelle di strada, lo sta tranquillizzando con delle parole che mi sembrano giuste, parole da mamma, e sussurra all'orecchio del giovane mentre gli massaggia il torace all'altezza del cuore, con un movimento dal basso verso l'alto, come a scacciare il respiro affannoso e tutto il male che quegli occhi adolescenti hanno visto.

L'odore è acre.

Si mischia il profumo con la polvere, il sangue con il sapone.

Qualcuno sussurra che a San Lorenzo ci siano dei morti, tanti.

Una signora con la veletta nera in testa dice che lei era diretta al cimitero a trovare il marito, ma si è fermata alle prime bombe.

Fuori ha visto passare uno zoppo, che arrancava veloce con la stampella e le ha gridato che veniva da via degli Ausoni.

I morti, ha detto lo zoppo, sono migliaia, ovunque.

Sembra davvero sporca, questa guerra, vista e vissuta alla Casa del Passeggero.

Diciannove

Elisa, dài, hanno smesso di bombardare. Per qualche minuto o per sempre. Ora non importa, non ci pensare. Avevi cominciato a correre verso di me, perché ti sei fermata?

Attraversa questa maledetta strada. Smetti di scrutare il cielo, guarda me. Sono la tua amica. Tremo come te, ho paura come te, piango come te, mi sento sperduta come te.

Le nostre mamme ci hanno lasciato sole, sciagurate o sventurate. In qualche parte di questa città, che ora sembra una groviera, staranno tremando, avranno paura, piangeranno, si sentiranno in colpa.

Ci cercano, speriamo ci stiano cercando.

Vorrebbe dire che non è di una di loro, quel corpo squartato sull'asfalto vicino a una borsa nera di finta pelle da cui spunta un fazzoletto bianco, e neanche quell'altro che lo spostamento d'aria ha sbattuto sul palo stradale e che ha ancora stretta tra le mani, forse perché la morte irrigidisce, la sacca della spesa.

Sono donne, sono mamme, nonne, o ragazze in attesa d'amore.

Sono noi, sono come te e me, Elisa.

Le hanno ammazzate vicino al cimitero, così si fa prima.

Non ho mai sognato nulla di così brutto, non ho mai visto nulla di così brutto.

E sono sola. Siamo sole.

Attraversa questa maledetta strada e vieni da me, così non lo saremo più.

La voce mi sembra non esca dalla bocca, in mezzo a questa confusione.

Le bombe sono cadute fino a un secondo fa.

Il rumore degli aerei, sempre più vicino, il fischio delle bombe, le esplosioni, le grida di chi scappa, il lamento di chi è ferito, il latrato di chi sta per morire.

Tutto copre la mia voce di bambina.

La mia voce che grida a Elisa di venire da me. «Corri, Elisa, corri!» le dico.

Ma la mia amica non può sentirmi, mi sembra che anche lei mi stia urlando qualcosa, mi guarda disperata, mi guarda interrogativa.

Ora vorrebbe fossi sua madre, che le dicessi cosa fare, che avessi la sapienza di chi ha vissuto e quindi sa. Sa cosa fare e cosa non fare.

Ma nessuna delle nostre mamme ha mai vissuto un bombardamento. Tanto è vero che non ci sono. Ora sono diventate anche loro bambine, si trovano all'improvviso di fronte a qualcosa che non conoscono, non hanno mai visto. Non potrebbero dirci cosa fare, non possono saperlo neanche loro.

Non è come le mestruazioni o come quando ti spunta il seno, non è una delusione d'amore o una febbre improvvisa. Quelle cose le mamme le sanno, perché le hanno vissute. Ma di come e quando cadono le bombe, di cosa fare se gli aerei mitragliano a bassa quota, cosa possono sapere?

È la prima volta, per ciascuno. Siamo tutti bambini, ora.

Infatti le nostre madri si sono perse, come monelle indisciplinate.

Non piangere, Elisa, lascia a me anche le tue lacrime. Ora fatti forza, non vedi che ti sto aprendo le braccia?

C'è un terribile frastuono, quello che ti sta confondendo, che ti impedisce di capire quale sia il momento giusto per raggiungermi sotto la tettoia di questa farmacia, più sicura, credo, del muro da cui non riesci a separarti.

Io grido il tuo nome ma non si sente nulla, non si può sentire nulla.

Poi, d'improvviso.

Un silenzio totale, assurdo, inspiegabile. La mia voce è l'unica che si sente in quello spiazzo di sangue e morte. Per un istante tutti tacciono: gli aerei sono lontani, le bombe non cadono, i feriti sussurrano il loro dolore, i morti muoiono.

Insomma, silenzio totale, universale, come se la Terra stesse respirando prima di continuare la sua corsa affannata.

Silenzio come quello che c'è in classe quando spiega il professore di filosofia, che non è il più autoritario, ma il più autorevole dei nostri docenti, quello dalle cui labbra pendiamo. Anche perché è giovane e belloccio.

Ecco, ora immagino che, mentre il nostro insegnante è di spalle e sta scrivendo sulla lavagna, nella classe muta il silenzio sia squarciato dal mio urlo. Forte e strozzato: «Elisa, dài, corri!».

Ora, in questo piazzale pieno di buchi nella terra, di fumo e polvere, di corpi che non camminano più, si sente solamente, nitida nella sua unicità, la voce di una bambina, io, che chiama un'altra bambina, Elisa.

Questo improvviso silenzio ha scosso la mia amica, che ora ha smesso di guardare in tutte le direzioni, come un cerbiatto impaurito, e collega quell'unica voce a me.

Ora sì, ora davvero ha preso coraggio e corre verso di me, che ripeto il suo nome, piangendo.

Eccola, si sta avvicinando, finora nessun cattivo le ha sganciato una bomba addosso, nessun cattivo le ha sparato colpi furtivi.

Dài, ancora cinque passi, con quelle gambette scricciole come le mie.

Che ci stiamo a fare, piccole come siamo, in questo mattatoio?

Ti apro le braccia, ci atterrerai dentro. Per un attimo ti sarò mamma, nonna. E nello stesso momento tu lo sarai per me.

Eccoti.

Stringimi, ti stringo. Piangi, piango. Non parlare, non parlo.

Tanto l'inferno è ricominciato e non ci sentiremmo nemmeno.

Sei ferita? Non lo sei. Io neanche. Ti scosto i capelli dal viso, sono sudati e impolverati. Mamma farebbe lo stesso con me, la sua esperienza guiderebbe le sue mani.

Come nessuno al mondo.

Ti guardo negli occhi. Tu capisci cosa vorrei chiederti.

Allora ti avvicini al mio orecchio e mi parli. Forte, assurdamente forte.

«Tu stai bene? Ho tanta paura!»

E poi mi risponde alla domanda che non le ho fatto.

«Quando è scoppiata la prima bomba ed eravamo sul tram siamo scese di corsa. Te lo ricordi?»

Non me lo ricordavo, anche perché io non mi ero precipitata fuori come gli altri.

«Insomma, in quel momento ci siamo sparsi tutti, io sono andata dietro l'angolo di una strada. E mamma non l'ho più vista. Ma era impossibile, tutti correvano in tutte le direzioni e le bombe cadevano come coriandoli. Poi non c'era più. Mi starà cercando. Spero sia andata a casa. Proviamo a tornare?»

In quel momento è apparso, come un angelo, Giulio. Siamo stati tutti e due di parola.

Io non mi sono mossa e lui è tornato.

«Dài, sbrighiamoci. Ora c'è un momento senza bombe. Non so se siano finite o se sia solo una pausa. Comunque, se corriamo forte, possiamo trovare un rifugio.»

Elisa dice che no, che lei vuole tornare a casa, vuole sapere della mamma, che non abitiamo lontano. Lei in piazza Salerno e io in via Catanzaro, dieci minuti a piedi, forse sette correndo.

Giulio scuote la testa, intanto si guarda intorno.

Anche lui è un bambino, in fondo, un bambino di fronte alla guerra.

Solo cinque o sei anni più grande di noi.

Pensa, mentre ansima. Mi sembra che sia più per la responsabilità di decidere che per la corsa fatta per tornare da me.

"Tornare da me", che bella frase.

Dovevo essergli sembrata importante se aveva sfidato tutto per onorare la sua parola e occuparsi di questa bambina che, lui non lo sa neanche, è già donna.

«Va bene, però corriamo forte e tenendoci per mano. Se sentiamo gli aerei che arrivano entriamo nel primo portone che troviamo e cerchiamo un rifugio. Va bene? Promesso?»

Ci guardiamo, tiriamo su con il naso e facciamo cenno di sì con la testa.

Lui è stato di parola con me, noi lo saremo con lui.

Purtroppo la mano che lui prende per prima è quella di Elisa, che afferra la mia. Corriamo, ed è come correre attraversando l'inferno. Ammesso che ci sia. Arnaldo dice di no, che sono tutte balle messe in giro dalla Chiesa per farci vivere con la paura del peccato, con il permanente senso di colpa.

Corriamo e quando arriviamo sotto il palazzo di Elisa c'è un suo zio al portone. Abita con loro. La vede, l'abbraccia forte, mi accarezza la testa e ringrazia Giulio, che sembra rasserenato dall'aver trovato qualcuno a cui consegnare queste due farfalle impaurite.

Poi ci fa entrare a casa.

«La mamma è stata ferita, l'hanno portata al Policlinico, che pure è stato bombardato. Il figlio di zia Adele che fa il portantino è corso ad avvertirmi. Niente di grave, ha una scheggia nel fianco. Appena possiamo andiamo a trovarla.»

Elisa non è convinta, non si fida, sta crescendo.

«Dimmi la verità, zio, mamma è morta?»

Lui la prende in braccio, è un uomo grande e grosso e può permetterselo. La conduce, accarezzandole la testa e rassicurandola, verso la sua camera.

Io sono rimasta nell'ingresso, Giulio è giù, almeno spero. Aspetto di salutare Elisa, poi corro a casa. Forse Giulio accompagnerà anche me.

Sulla cassapanca vedo una busta aperta e un foglio. È senza francobollo né timbro. Deve averla portata qualcuno. L'indirizzo è quello della mamma di Elisa. Forse l'ha aperta lo zio che poi non l'ha richiusa. Forse non ha avuto il tempo. Con tutto quello che è successo…

Non resisto, guardo il contenuto. È un foglio manoscritto, firmato dal padre di Elisa. Forse è una buona notizia.

Io resto qui. Addio. Stanotte mi coprirò di neve. E voi che ritornate a casa pensate qualche volta a questo cielo di Cerkovo. Io resto qui con altri amici in questa terra. E voi che ritornate a casa sappiate che anche qui, dove riposo, in questo campo vicino al bosco di betulle, verrà primavera.

Venti

Non so come ci sono arrivato, ma qualcosa mi ha portato fin qui. A via dei Sabelli, nel cuore di San Lorenzo.

Ci sono decine di donne che urlano, si strappano i capelli – ora so che non è un'espressione frutto di pura invenzione –, alcune hanno crisi isteriche.

Un cittadino del quartiere mi mette una pala in mano e mi dice di seguirlo. C'è un asilo, dentro ci sono cinquecento bambini, tutti i figli del quartiere, ma stanno arrivando genitori anche dalla Tiburtina. L'ingresso è sepolto dalle macerie e molti bambini sono in cantina, dove le suore li hanno portati, per proteggerli, al primo suono di sirena.

Bisogna scavare. Ci mettiamo in tanti, chi con le vanghe, chi con le mani. Si sentono pianti di bambini e urla di donne che dall'interno gridano, disperate, di fare presto.

So che dovrei cercare Margherita, ma ora sento di dover stare qui, sento che è mio dovere. Una mano mi batte sulla spalla. Mi volto e vedo Arminio, uno dei ragazzi del gruppo antifascista, uno di quelli che aveva inneggiato agli aerei alleati.

Mi dice solo: «C'è il mio fratellino là sotto, facciamo il possibile». E allora scavo con ancora più lena, anzi, è come se la paura diventasse febbre e l'orrore diventasse forza.

Urlo e scavo, urlo e scavo.

E Arminio fa come me. Dopo un po' tutti fanno così, come me. Come Arminio.

Urlano e scavano.

Ogni tanto si alza la testa in alto, verso il cielo, per vedere se tornano.

Le donne strepitano, ma non contro Roosevelt e Churchill, contro il Duce e il re.

Qualcuno dice che non è il momento, ma viene zittito.

Nessuno difende Mussolini. Come se nessuno lo avesse mai acclamato, venerato, divinizzato.

Arminio e io stiamo zitti. Non dobbiamo farci scoprire. A una mamma, in questa situazione, è consentito di oltraggiare il fascismo, due ragazzi invece sarebbero sempre sospettati di sedizione.

«Taci!» diceva imperioso il regime, oppure: «Diffida di tutto, non fidarti di nessuno».

E noi seguiamo le disposizioni vigenti. Tacciamo, non partecipiamo allo spontaneo moto di rabbia delle donne del popolo di San Lorenzo. E diffidiamo di tutto, non ci fidiamo di nessuno e per questo, al di là delle urla che ci servono a mettere più forza nel lavoro di scavo, non diciamo nulla.

Nulla di nulla. Nulla a nessuno.

Arrivano i vigili del fuoco, ma sono nelle nostre stesse

condizioni. Non hanno le gru, non hanno le scavatrici. E allora si mettono a usare le nostre vanghe e le loro mani. Non hanno altro.

Ad Arminio dico che stavo cercando mia sorella. Lui mi dice di andare. Ormai ci sono più persone che pale, più mani che vanghe. Altre due braccia per graffiare i mattoni che precludono l'accesso al portone si troveranno.

«Va'» mi dice Arminio, mentre si asciuga il sudore.

Ora il cielo, tutto azzurro, sembra libero. Sembra incredibile che da lì sia piovuta tanta morte, tanto dolore. Riprendo la mia bicicletta, l'ho sempre tenuta d'occhio.

E volo verso casa, cercando di vedere se trovo qualcuno dei miei. Ripasso dal piazzale Tiburtino e vedo una macchina blu, con la targa dell'esercito, che è stata centrata da una bomba. Stanno portando via dei corpi. Un carabiniere, quello che mi ha fermato per consentire l'operazione, mi bisbiglia affranto che la vittima era il comandante generale dell'Arma.

Un medico, in mezzo alla strada che sembra una groviera, racconta a chiunque che sono stati centrati il Regina Elena, l'ospedale dove vengono curati i malati di cancro, e anche la clinica per le malattie mentali.

Una suora descrive la distruzione della basilica di San Lorenzo fuori le mura e, mentre lo sussurra, si fa il segno della croce.

Man mano che lascio la zona dell'università, verso il quartiere Italia, la città sembra tranquilla, ci sono persone che camminano per strada. Nessuno urla, nessuno piange corpi riversi a terra. In certi punti sembra non sia successo nulla.

È assurdo.

Ora imbocco via Catanzaro, di nuovo.

Vedo da dietro Margherita, sta con un ragazzo che la tiene per mano. La chiamo, lei si separa dal giovane e corre verso di me. Ci abbracciamo. Improvvisamente mi sembra più magra del solito.

Ora piange. Anche io, ma sono molto contento.

Lei è viva, bella come sempre, il resto passerà.

Mi dice di questo giovane, di come abbia aiutato lei ed Elisa, e mi racconta che la sua amica è a casa, ma che la mamma è rimasta ferita. Lo ringrazio e lui, discreto, va via.

Con Margherita si scambiano un cenno d'intesa. Lei lo ringrazia e lo abbraccia forte. Gli stampa anche un tenero bacio sulle guance. Ma non fa nulla, è un bacio di gratitudine, un bacio bambino.

Neanche Margherita sa niente dei nostri genitori.

La portiera ci vede arrivare insieme da lontano e comincia a gridare. Ci dice che papà è in casa che ci aspetta.

Saliamo le scale e lo troviamo sulla porta.

Quest'uomo tutto d'un pezzo, squadrista e marciatore su Roma, piomba in ginocchio come una marionetta e si aggrappa alle nostre gambe. Non fa altro che ringraziare Dio, come se fosse merito suo, la nostra salvezza.

«E mamma?» chiediamo contemporaneamente Margherita e io.

«Non lo so...» dice rialzandosi a fatica. «Sono venuto qui perché ho pensato che fosse meglio fare base a casa, e infatti voi siete tornati. In agenzia mi hanno detto che i bombardamenti dovrebbero essere finiti. Ora possiamo andare a cercarla insieme.»

«No, papà. Tu resta qui, così se torna trova qualcuno. Andiamo Arnaldo e io.»

Margherita non aveva mai, prima d'ora, detto a mio padre cosa dovesse fare. Era lui il dio e padrone della nostra vita. Ma ora quell'uomo devastato non è in grado di reagire, non ha nulla da obiettare, nella sua confusione. Dice solo: «Non avete fame, non volete andare al bagno?».

Non gli rispondiamo neanche. Sembra un fantoccio, quasi mi fa pena, papà.

Ci vede andare via per le scale, di corsa.

Io e Margherita, questa ragazzina che è diventata capofamiglia, sotto le bombe di San Lorenzo.

Non ci dividiamo stavolta, vogliamo stare insieme. Ora sono io a prenderla per mano. Le cose sono tornate al loro posto.

Giriamo per strade e chiese, chiediamo ai portieri che conoscono mamma, entriamo nei pochi negozi aperti.

Nessuno sa dirci nulla.

Sembra sparita, ma non può essere andata lontano, a piedi. Forse ha seguito l'unica notizia di cui disponeva, fornita dalla portiera: che Margherita era uscita presto, con Elisa.

Può aver pensato, come me, che fosse andata alla stazione Termini.

Andiamo da quella parte. Anzi, torniamo in quella direzione.

Su viale Castro Pretorio vediamo da dietro, vicino al marciapiede, una donna vestita di nero.

È riversa sul corpo di una ragazza bruna, con una gonna a fiori e una camicetta bianca sporca di sangue. Una scheggia le ha devastato il viso, che non c'è più.

La donna è china su di lei, l'abbraccia come se la cullasse. La chiama "Margherita mia".

Ci spostiamo per dirle qualcosa.

È lei, è nostra madre.

Margherita è bionda e non ha mai avuto quei vestiti, come ha fatto a confonderla con quella povera ragazza?

Mamma non ci vede, non percepisce la nostra presenza. Sta cullando quella ragazza senza volto. È assente, come in trance.

Margherita si avvicina, le appoggia una mano sulle spalle. Lei si volta un momento, ha occhi vuoti, occhi che non vedono. Ringrazia, come fossimo due estranei, e poi torna a cullare quella creatura senza vita.

Non riconosce sua figlia. Per lei Margherita è quella ragazza.

Allora anche noi ci sediamo vicino a lei.

E la culliamo tutti insieme, la nostra sorella del 19 luglio.

Ventuno

Non è il caso che bussi, tantomeno che entri, come ho fatto l'altra volta. Dentro l'ufficio del Presidente c'è l'inferno. La porta si apre e si chiude, irrompono il direttore Suster, il vicedirettore e persino, cosa davvero rara, i responsabili dei diversi servizi. Ci sono due grandi eventi che si stanno svolgendo in queste ore: il bombardamento di Roma e il vertice di Feltre tra il Duce e il Führer.

Accade tutto oggi, lunedì 19 luglio 1943.

Quando i ragazzi sono tornati a casa con Maria non sapevo se sentirmi rassicurato o preoccupato. Avevo tutti lì, proprio quello che speravo accadesse in questo giorno maledetto. Ma mia moglie sembrava spaesata, confusa. Arnaldo mi ha raccontato che aveva scambiato una ragazza morta sotto le bombe per Margherita e che la stava cullando da molto tempo. Poi, piano piano, si era accorta che sua figlia era lì con lei, che stava bene. Ma la confusione dalla sua testa non se ne andava. I ragazzi faticavano a staccarle dal grembo quella ragazza senza volto, povera anima. Fino a che non è arrivata la vera madre, che ha riconosciuto i vestiti e i capelli.

Stava cercando sua figlia Antonietta da quando il bombardamento era iniziato.

Nel momento in cui quella donna ha urlato il nome della ragazza, Maria ha cominciato a tornare lucida. La madre vera ha sostituito la donna che, per sbaglio ma con amore, aveva accudito quella creatura, accarezzandole i capelli e stringendola a sé. Una mamma temporanea, che non ha lasciato sola Antonietta.

La mamma vera piangeva, urlava, si copriva gli occhi per non guardare ciò che Maria e persino i ragazzi si erano abituati a vedere. Si è seduta vicino a mia moglie, lentamente. E Maria le ha passato con dolcezza quel corpo ora freddo, che lei aveva scaldato.

È stato un momento terribile. Poi la donna ha smesso di piangere, sembrava una madre impegnata a sistemare la figlia nel modo migliore per farla uscire con le amiche o il fidanzato. Le copriva le gambe, le chiudeva la camicetta, le passava la mano tra i capelli. A un certo punto ha trovato persino il coraggio di appoggiarle la mano sulla bocca, o quello che ne restava.

D'un tratto si è voltata verso Maria, che si era fatta da parte, aiutata dai miei figli.

Le ha detto solo, tutto d'un fiato: «Grazie, signora».

Lo sto raccontando a Rosa; qui ciascuno ha una storia da comunicare, un'immagine da descrivere. Qualcuno ha telefonato, altri sono andati e tornati, soprattutto se avevano la famiglia nelle zone colpite. Qualcuno è uscito per raggiungere i suoi ma non è ancora rientrato in agenzia, per loro c'è tanta apprensione. Sono spesso le persone che fanno i mestieri più umili, quelli che abitano al Prenestino, sulla Tiburtina, al Tuscolano o all'Acqua Bullicante.

Io sono rientrato subito. Appena ho capito che Maria stava meglio l'ho lasciata con i ragazzi, che sono stati così bravi, e sono tornato a fare il mio dovere.

Ho avuto anche la sensazione che, in fondo, fosse meglio così. Non volevo affrontare con Arnaldo un'altra discussione, sentivo nell'aria che lui stava per esplodere in uno dei suoi comizi contro il fascismo. Ma, stavolta, anche io sarei esploso.

Come si faceva a difendere gli Alleati che avevano scatenato quel macello? Che avevano bombardato le case, le chiese, mitragliato a bassa quota? Come si faceva a stare dalla parte di quegli assassini di romani, di italiani? Non bastava ad Arnaldo quello che aveva visto, quello che aveva vissuto? La ragazza senza più il viso non era forse un monumento alla ferocia alleata?

Se mio figlio avesse difeso chi ci aveva attaccato, gli avrei messo le mani al collo.

So bene cosa mi avrebbe detto. Che il bombardamento è una conseguenza del fascismo e della scelta di entrare in guerra o che quando i nazisti, nel 1940, hanno sganciato bombe tutte le sere per mesi su Londra o quando hanno raso al suolo Coventry, nessuno ha detto niente. Anzi, si era festeggiata l'audacia di Hitler. Oppure mi riattaccherebbe la solfa sulla Russia e sui dispersi.

Li conosco questi argomenti: sono quelli degli antifascisti, dei pacifisti.

Ma ora il dolore e il sangue erano qui, tra noi. Ora gli italiani sono morti per mano alleata.

Poche chiacchiere.

Sarebbe finita male, se avessimo cominciato a discutere.

Inoltre volevo che Margherita fosse tenuta al riparo.

È piccola, è donna, non può capire queste cose.

E poi, a proposito dei dispersi in Russia, vive con molta partecipazione la storia del papà di Elisa. Ce ne ha parlato tante volte, a casa. Io ho anche chiesto a un redattore se, per favore, poteva informarsi sul destino di quel soldato. Ma non si è saputo mai nulla.

«Sono tanti, anzi, troppi» mi ha risposto.

«Eccellenza, volevo dirle che i ragazzi e Maria stanno bene. Molte grazie per la vostra preoccupazione...»

Sono riuscito a infilare la testa in un momento in cui avevo capito che non c'era nessuno nella stanza.

Il Presidente non reagisce in nessun modo, è chino su delle carte, cupo, angosciato.

Mi ricordo un altro momento in cui aveva questo stato d'animo. Pochi mesi fa, era aprile, su un giornale di Cremona, «Regime fascista», proprietà di Roberto Farinacci, era comparso un duro attacco a Sua Eccellenza e all'agenzia. C'era scritto: "L'agenzia Stefani altro non è se non un'agenzia personale d'affari... deve essere di proprietà del ministero della Cultura popolare e non la proprietà manovrata e goduta di un cittadino qualsiasi che più volte ha dimostrato di non essere all'altezza del compito che si è assunto". E concludeva: "Ma se questa radicale soluzione non si può o non si vuole attuarla, si metta alla testa della Stefani persona più adatta".

Radio Fante, come si chiamano le indiscrezioni che vengono fatte circolare, aveva già messo in giro i nomi di Francesco Malgeri, direttore de «Il Messaggero», e di Gherardo Casini, direttore generale della stampa italiana al Minculpop.

Farinacci non era amato dal Duce, che lo considerava una testa matta. Ma per giorni, in agenzia, ci si era chiesti se il ras di Cremona avesse parlato solo per sua iniziativa o se dietro non ci fosse altro o altri. Molto altro, molti altri.

Sua Eccellenza aveva risposto con una dettagliata nota per il Duce con tutti i magnifici risultati dell'agenzia. Numeri, non chiacchiere.

Quel testo era stato fatto circolare in redazione per tacitare i malpancisti: "L'agenzia ha trasmesso 973 note polemiche di carattere politico con le quali ha smascherato, confutato e ribattuto gli argomenti propagandistici lanciati dalle fonti nemiche, 390 note diplomatiche, 336 note di carattere militare, 1120 corrispondenze di guerra dei suoi inviati speciali sui vari fronti. E soprattutto ha istituito il 'Servizio radiocircolare mondiale' trasmesso in più lingue, ha rafforzato gli uffici all'estero e collaborato con le agenzie dei Paesi alleati".

Ricordo ancora la magnifica conclusione del testo: "Nel servire la grandezza d'Italia, coadiuvando all'efficienza del regime, l'agenzia Stefani ha sempre avuto, in ogni sua attività, un unico scopo: quello di essere un degno strumento a disposizione del Duce, per registrarne l'opera immane e per non essere in contraddizione con gli imperiali destini della Patria, da Lui perseguiti e segnati".

Chi vuole intendere intenda, non c'è trippa per gatti.

Sono tempi bastardi, lo capisco persino io che sono l'ultima ruota del carro. Siccome le cose vanno male, qualcuno cerca di nascondersi, altri di scaricare la responsabilità su chiunque, altri ancora di seminare maldicenze e zizzania. Non era certo così, quando il Duce era al massimo del suo splendore.

Allora tutti lo osannavano, ora chiunque sputa su di lui. E sul piatto dove ognuno ha mangiato.

Parlo proprio dei gerarchi, di loro. Di quelli che vanno al ristorante mentre il popolo soffre, che si fanno i loro sporchi affari, che sparlano ovunque di Mussolini, che strizzano l'occhio al re e agli antifascisti.

Solo il Duce è fedele ai suoi ideali. Ma quei furboni cercano di fargli terra bruciata attorno. E, per esempio, attaccano il mio Presidente e vogliono mettere le mani sull'agenzia, il cuore dell'informazione italiana.

Arriva trafelato nella stanza di Sua Eccellenza il redattore Sorrentino, che si occupa dell'incontro di Feltre. Entra e, stavolta, chiude la porta. Deve essere successo qualcosa di grave. Conosco quel giornalista, è un ragazzo abruzzese, anche lui raccomandato da Acerbo.

Siamo mezzi parenti, come tutti dalle nostre parti. È un moderato, non un tipo alla Farinacci, non un estremista.

Ma quando esce dall'ufficio del Presidente è paonazzo, si vede che trattiene la rabbia. Il corridoio che porta dagli uffici amministrativi alla redazione è lungo e allora lo accompagno. Parliamo in dialetto, così nessuno può capire. Noi ci fidiamo ciecamente l'uno dell'altro. Siamo consanguinei…

«L'incontro si è concluso. È stato una tragedia. Mussolini doveva imporsi su Hitler per ottenere armamenti e divisioni. Invece nel faccia a faccia ha parlato solamente il Führer. Ha attaccato noi perché i suoi aerei vengono abbattuti ancor prima di volare, per le scarse difese al suolo e per l'incapacità dei comandi italiani. Poi si è lamentato della disfatta siciliana. L'impressione è che i nazisti vogliano prendere il comando militare, disfarsi del re e dei nostri generali. Solo in questo caso concederebbero i richiesti aiuti militari. Nell'incontro, certo, il Führer ha anche parlato di una fantastica arma segreta, ma nessuno ci crede.»

«E il Duce?» chiedo io.

Sorrentino si ferma prima della porta che delimita le due aree dell'agenzia.

Mi guarda e mi risponde: «Il Duce? È stato sempre zitto. Dicono avesse uno dei suoi attacchi di ulcera duodenale, ma fatto sta che non ha mai aperto bocca. Hitler ha parlato per un'ora, un soliloquio. Ha investito Mussolini urlando e battendo i pugni. L'altro balbettava. Poi è arrivata a Mussolini la notizia di San Lorenzo… E sai come vogliono che io trasmetta la notizia di Feltre, ovviamente domani? Leggi…».

Mi passa un foglio: "Ieri in una città dell'Italia settentrionale si sono incontrati il Duce e il Führer. Sono state esaminate questioni militari".

«Roba da vergognarsi, credimi.»

Poi sospira, Sorrentino: «Ascenzo, qui sta crollando tutto. E neanche lentamente».

Ventidue

È da quando ho letto quella lettera che non smetto di pensarci, non smetto di averlo davanti agli occhi: il papà di Elisa, quell'uomo affascinante la cui foto ho mostrato a tanti soldati di ritorno dalla Russia, che aspetta in silenzio di morire coperto di neve, seduto, immobile. Lo riconosco, sotto un cielo di stelle.

Lo immagino come un pupazzo bianco, uno di quelli che, quando Natale si avvicina, si vedono nei disegni di Achille Beltrame su «La Domenica del Corriere» e hanno una carota arancione sul naso e dei bambini festanti attorno.

Il papà di Elisa invece è solo, fatto di neve e di ghiaccio, e sta lì, immobile, vicino a un bosco di betulle. Quando la primavera arriverà e il sole scioglierà il manto bianco forse lo troveranno come si è addormentato: seduto, appoggiato a un moschetto scarico e con uno strano sorriso sul volto.

Elisa non ci crede, per lei la lettera è ambigua: non vuole dire che lui, quando l'ha scritta, stava per morire. Elisa esclude categoricamente l'ipotesi ancora peggiore, quella della quale ha sentito parlare in casa dallo zio. E cioè che suo padre abbia deciso di lasciarsi andare, di farsi prendere dalla morte, di finire senza cercare di sopravvivere.

«Papà non lo farebbe mai, non deciderebbe mai di lasciare da sole mamma e me. Ho ragione, Margherita? Se sbaglio dimmelo, ti prego. Non so più cosa pensare. È tutto difficile. A mamma, che è tornata dall'ospedale ieri, ancora non abbiamo detto della lettera. Aspettiamo che si riprenda. La ferita non è seria. L'hanno rimandata a casa perché il Policlinico pullula di casi ben più gravi del suo.

«Sai che da quell'asilo dove mi hai raccontato che Arnaldo è andato a scavare hanno estratto morti settantotto bambini e sei suore? C'era anche il fratellino di un suo amico. E decine di ragazzi del carcere minorile di via dei Reti sono morte sotto le macerie. I custodi sono scappati senza aprire le celle. Una bomba ha preso in pieno un'ala dell'edificio e la metà, solo la metà dei giovani, è riuscita a fuggire, arrampicandosi sui detriti. Gli altri sono rimasti sotto il crollo dell'intera ala del palazzo, provocata da un'altra esplosione. E poi devo dirti una cosa...»

Sono passati quattro giorni dal bombardamento e le notizie ancora si susseguono. D'altra parte la radio e i giornali non scrivono niente, si scagliano solamente addosso agli Alleati.

C'è chi dice che i morti siano tremila e chi racconta di persone senza la testa rimaste attaccate ai fili per stendere i panni. Chi descrive gli effetti devastanti che le schegge hanno provocato nelle persone che si erano rifugiate sotto la tettoia di una fermata del tram. E chi racconta con mille particolari il rogo, che non finiva mai, della fabbrica di pasta della Pantanella a Porta Maggiore. È bruciata fino a ieri sera e l'odore acre del fumo arrivava fino a casa e ci costringe a stare con le finestre chiuse anche durante il giorno.

Papà ci ha fatto mettere dei sacchi di sabbia attorno ai vetri, sostiene che così siamo più sicuri con gli spostamenti d'aria, ma a me sembra una cretinata delle sue.

«Dimmi pure, Elisa, cosa vuoi che possa ancora sorprendermi? Ho fatto un corso accelerato di paura, ho preso la laurea in terrore. Stavamo lì, noi due, ti ricordi?»

«Ecco, appunto. Tu mi dicevi di attraversare la strada perché sarei stata più sicura con te sotto la tettoia della farmacia Sbarigia, a piazzale Tiburtino, dove stavamo quella mattina.»

«Sì, certo, tu stavi solo appoggiata a un muro, senza nulla sulla testa… Certo che eri più sicura dove ero io…»

«Ora ascoltami bene, ma non ti agitare. Ti dico quello che mi ha raccontato uno zio di mamma che abita a via de Lollis, proprio vicino al piazzale. In una delle ultime ondate i bombardamenti hanno centrato proprio quella farmacia…»

«Oddio, no… Noi stavamo lì…»

«Non è finita. Lì dentro si erano rifugiate decine di persone, molte erano su un tram, probabilmente il nostro. Insomma, le bombe hanno coperto l'ingresso, quei poveracci non potevano più uscire. Li hanno tirati fuori solo ieri, terrorizzati. Pensa che il titolare della farmacia ha curato tutti, ha dato medicinali, li ha nutriti con il destrosio, gli ha fatto prendere le vitamine. Ma quando i vigili del fuoco hanno aperto un varco e le persone sono uscite fuori, quel farmacista ha avuto un infarto ed è morto...»

«Poveraccio... Elisa, siamo stati a un passo dal morire, ti rendi conto? Ci ha salvate Giulio. Dobbiamo trovarlo, per raccontarglielo e ringraziarlo.»

«È passato a casa mia e ha lasciato alla portiera il suo indirizzo e il suo numero di telefono. Ma secondo me non voleva che lo avessi io...»

«Scema, che vuoi se ne faccia un universitario di una ragazzina quattordicenne... Comunque è carino. Mai come Franco, ma è carino.»

«Perché, Franco per caso fa la quinta elementare?»

«E Arnaldo dov'è?» mi chiede Elisa sedendo sul suo letto.

Temevo me lo avrebbe chiesto.

Le dico la verità, è la mia migliore amica, l'unica con cui posso confidarmi. Anche se ciò che sto per dirle mi fa male. Non riesco mai a parlare delle cose che succedono nella mia famiglia. Mi sembra di tradire tutti, mi sembra di mettere in piazza qualcosa che deve restare chiuso tra queste quattro mura.

Ma è troppo grande quello che è successo, troppo doloroso.

Le urla di quella mattina ancora mi scuotono, il pianto disperato di mamma mi lacera il cuore, il rumore delle porte sbattute mi sembra squassante come il frastuono delle bombe e non meno pericoloso per l'unica cosa che mi è rimasta, la mia famiglia.

Da quella mattina casa nostra è un cimitero, nessuno parla più. La sera, da tre giorni, papà torna sempre più scuro, sempre più preoccupato, sempre più arrabbiato. A cena si sente solo il risucchio con il quale cattura dal cucchiaio il brodo. Un suono che mi fa imbestialire.

Di ciò che succede intorno a noi, la guerra o Arnaldo, sento che parla sottovoce con mamma, quando la porta è chiusa.

E questo mi fa arrabbiare enormemente. Non sono più una bambina. E lunedì, mentre lui stava tranquillo al centro, in agenzia, io correvo sotto i bombardamenti e tutti hanno sottolineato come sia stata giudiziosa, saggia e prudente. Tutti, meno lui. A parte il primo momento, quello in cui è caduto in ginocchio. Una posa che mi è sembrata un po' teatrale, più rivolta a intenerire Arnaldo che a esprimere un autentico dolore. Ma forse sono ingenerosa.

Mi ha anche rimproverato per avergli disobbedito, per essere andata alla stazione.

Ecco, vorrei dirtelo, Elisa, ma non lo farò, perché tu ti sentiresti in colpa e già hai abbastanza dolore per conto tuo.

Mi colpisce vedere come tu ti sia convinta, con tutte le forze, che tuo padre è vivo, come tu voglia negare la verità di quelle righe e del successivo silenzio. Ora mi spiego anche la frase di quel soldato quando gli ho mostrato la foto tessera di tuo papà: «È meglio che non sia lui…».

Forse anche lui, quell'alpino, sotto il cielo di Cerkovo, ha visto il tuo papà sedersi, rassegnato.

Non hai versato una sola lacrima. Tuo papà è vivo, lo senti, ne sei certa. O forse, ti capisco, non ce la fai ad accettare questa verità così chiara, quella confessione di un suicidio resa così esplicita e indirizzata proprio a voi. Forse non vuoi convincerti perché non te la senti di andare da tua madre e dirle che suo marito ora è solo una statua di neve vicino a un bosco di betulle.

E mentre ti guardo che prendi la mia bambola di pannolenci e fai per cullarla, penso che io, anche di fronte alla grandezza del dolore che neghi e nascondi a te stessa, non ho il diritto di non aver fiducia in te, Elisa. Non è giusto che ti consideri un'estranea.

Sei sempre stata, dalle elementari, la mia amica del cuore. Ci siamo sempre dette tutto.

Ora, raccontandoti quello che è accaduto, ti sto facendo diventare parte della mia famiglia, la sorella che non ho avuto.

I panni sporchi si lavano in casa, si dice.

Ma tu sei la mia casa, tu sei me.

«Elisa, ascoltami, devo raccontarti cosa è successo l'altra mattina qui, in questa casa…»

Ventitré

L'ho preso per il bavero, ero una furia. È stata Margherita a pregarmi di metterlo giù. Lo avevo sbattuto contro il muro e alzato da terra. Avevo perso la testa. Stavo per picchiare mio padre. Me ne vergogno.

È un fascista, ma è mio padre.

Avevo deciso di restare a casa a dormire, lunedì sera. Mi sembrava giusto, dopo quello che era successo a mamma e a mia sorella. Margherita era scossa, era molto più impaurita di quello che aveva, con pudore, mostrato in famiglia. Mi sono reso conto solo dopo cena che fino ad allora non l'avevo mai vista piangere. Era come se si tenesse tutto dentro, se tutto l'orrore che aveva vissuto fosse nascosto. Non rimosso, solo nascosto.

Abbiamo sparecchiato insieme – la cena l'aveva preparata papà, mamma era a letto ancora un po' confusa – e quello è stato il primo momento in cui eravamo soli, io e lei.

Stavo gettando nel secchio dell'immondizia ciò che era rimasto nei piatti. Poco, come il cibo in tavola.

Quando mi sono tirato su l'ho vista che guardava fuori dalla finestra, oscurata in blu, con l'acqua che scorreva e un piatto in mano. Non lo aveva messo sotto il rubinetto per sciacquarlo, lo teneva così, senza far niente.

Gli occhi erano vuoti, davanti aveva il nulla.

Lo sguardo in quell'istante non era fuori, era dentro di sé.

Si sentiva solo il rumore dello scroscio d'acqua e noi due eravamo come statue di cera. Immobili, silenziosi. Io guardavo lei e lei guardava i suoi pensieri.

Ho avuto quasi paura di dire qualcosa, di produrre qualsiasi rumore. Ho temuto che questo potesse risvegliarla, turbarle quel momento, forse il primo dal mattino, in cui era finalmente da sola. Sola con la terribile esperienza vissuta, sola con i fotogrammi di quel giorno assurdo.

Allora le sono stato grato e mi sentivo orgoglioso. Con me, solo con me, lei sentiva di poter stare tranquillamente da sola, il massimo di libertà che un essere umano si possa concedere. Non lo aveva fatto durante la cena, non lo aveva fatto con mamma e con papà nei momenti in cui era stata con loro.

Lo faceva con me, perché con me si sentiva serena, tutelata, amata senza riserve. Perché io non la giudico, non le impartisco lezioni o comandi, non le chiedo conto di nulla. Né di quello che ha fatto, né di quello che non ha fatto. Noi due siamo complici, noi ci capiamo senza bisogno di parlarci.

Noi ci ripariamo, ci proteggiamo, ci confortiamo.

Lei, l'acqua che scorre e io che la guardo in silenzio.

È stata Margherita a rompere quell'equilibrio di gesti e di parole non dette.

Senza girarsi, guardando sempre quell'inquietante blu, mi ha solo sussurrato: «Arnaldo, portami via. Portami con te. Non so dove vai, quando non ci sei. Ma portami in quel posto tanto bello per te che certamente lo sarà anche per me. Io ho troppa paura a stare qui. E se domani allargano l'area dei bombardamenti? Se domani tocca a noi? Se la nostra casa viene squarciata e i nostri quaderni, le mie bambole, i tuoi libri volano ovunque, come coriandoli, e non sono più nostri ma della guerra? Se tutto quello che abbiamo vissuto sparisce in un istante e bisogna ricominciare tutto da capo? Tu sei andato via, ormai. Stasera sei qui solo per quello che è successo. E mi hai lasciata da sola. Ma ora non so se ce la faccio più. La guerra fino a stamattina prima delle undici era brutta, ma lontana.

«Ora è qui. E non immaginavo fosse tutta questa carneficina. La guerra la fanno i soldati, cosa c'entra il bambino con il "Corriere dei Piccoli" che ho visto morire? Cosa c'entra quel cavallo bianco squartato? Cosa c'entrano quei due amanti nudi, avvinghiati nella casa scoperchiata?

«Ora ho davvero paura. O resti qui o mi porti con te. Non posso rimanere sola, in questa casa, mentre papà lavora e mamma cerca il cibo. Non mi va di uscire, non sono mica matta. Ma non mi va neanche di stare rintanata qui ad aspettare il momento in cui ci bombardano.

«Non so che fare, ma so che non voglio stare senza di te».

Solo a quel punto si è girata. Aveva le lacrime agli occhi, ma era come se le scendessero contro la sua volontà. Non le asciugava, perché non le accettava.

Margherita era normale, parlava senza la voce rotta, non tirava su con il naso. Niente. Solo quelle piccole rugiade che le scendevano dagli occhi, le attraversavano il viso e si perdevano sul collo. Portate con eleganza, come una sciarpa di seta o una bizzarria del mascara.

L'ho abbracciata forte e le ho accarezzato i capelli biondi. Mi aspettavo che tremasse. Ma non è stato così.

Le ho detto che la capivo, che era stata bravissima.

Quella sera ci siamo addormentati abbracciati.

Il disastro è stato il mattino seguente. Mamma aveva preparato la colazione. Si fa per dire, colazione. Solo caffè sbiadito e pane rancido. Papà è arrivato con quell'aria tronfia che non sopporto. Dopo lo spavento del giorno prima era di nuovo nei panni del fedele segugio del regime. Per provocarmi, credo, si era messo la camicia nera sotto la giacca da usciere e aveva cominciato, parlando a voce alta, la sua filippica contro Roosevelt e Churchill, contro gli assassini che avevano devastato Roma, contro quegli sparvieri d'acciaio che avevano raso al suolo chiese, case e quartieri.

«Capisci, Maria? Hanno bombardato a tappeto. Sono dei criminali. Mi ha raccontato un giornalista dell'agenzia che suo zio aveva un negozietto vicino al Verano che è crollato sotto i bombardamenti. Quell'uomo ha cercato, con le mani, di estrarre dalle macerie la moglie che si chiamava Nina e una figlia piccola, Vera. C'era lì sotto anche il figlio Alberto. È stato tirato fuori vivo, ha aperto gli occhi, ha visto il padre, gli ha sussurrato solamente: "Lo sapevo che arrivavi, papà".

«E poi è morto.

«Belve, sono solo belve.

«Mi hanno detto poi che a San Lorenzo, a via dei Reti, hanno cercato di tirare fuori da una bottega un garzone marmista che era rimasto schiacciato da una statua di Cristo Salvatore che pesava più di una tonnellata.

«Non hanno riguardo né per Cristo né per gli esseri umani, sono dei criminali belli e buoni.»

Mi stava provocando, era evidente. Il giorno prima stava in ginocchio abbarbicato alle nostre gambe e ora faceva di tutto per farmi salire il sangue agli occhi.

Quale dei due era mio padre? O mio padre era tutte e due quelle persone?

Ho fatto finta di non sentire, credimi è stato difficile.

Parlavo con Margherita, che era molto imbarazzata.

Ma per non essere da meno di lui ho raccontato a mia sorella una storia. «Margherita, volevo raccontarti una cosa che mi ha riferito il mio compagno di banco. Lui ha la sorella piccola in una classe femminile del ginnasio. Dopo le leggi razziali era stata cacciata la professoressa di inglese, si chiamava Guastalla, che venne sostituita da una fascista sfegatata, propagandista dei nazisti, la professoressa Caso.»

Mio padre aveva smesso di concionare e si era messo in sospettoso ascolto del mio racconto. Non lo guardavo, era a capotavola. Io fissavo solo mia sorella negli occhi. La vicenda che stavo per narrare in realtà era di qualche anno prima. Ma questo mio amico me l'aveva raccontata qualche giorno prima sulla terrazza e io la stavo ripescando apposta per reagire alle assurdità di mio padre, per provocarlo anche io.

In verità, me ne vergognavo, stavo usando Margherita per far sentire a quel tipo in camicia nera a capotavola che non stavo zitto, che non accettavo passivamente le sue infantili smargiassate.

«Allora?» disse mia sorella, mentre cercava con il cucchiaino un po' di zucchero in fondo alla tazza.

«Allora, una volta questa professoressa fascista si scagliò persino contro "L'Osservatore Romano" per i corsivi di *Acta Diurna* che al regime non piacevano. Insomma, questa tipa, che indossava spesso una ridicola camicia nera, un giorno entrò in classe e disse, imperiosa, alle ragazze: "È vostro dovere impedire che i vostri genitori comperino o leggano 'L'Osservatore Romano'. Se c'è qualcuno in famiglia che lo fa, denunciatelo al fascio. Se non vi sentite di farlo direttamente, denunciatelo a me e ci penserò io".

«Capisci? Voleva che i figli mandassero i padri e le madri in galera!»

«E cosa è successo in classe?» Margherita aveva alzato la testa dalla scodella e ora era interessata, in fondo si parlava di ragazze come lei.

Alla mia sinistra sentivo ribollire mio padre. Era, lo

capivo, fuori di sé, ma forse anche curioso di sentire come andava a finire questa storia.

«Allora tutte tacquero fino a che lei insistette, con uno sguardo ultimativo: "Ora, dico ora, voglio sapere se c'è qualche genitore che compra quel giornale".

«Dopo un minuto di silenzio si è alzata Franca Berra, figlia di un dipendente del Vaticano, e ha detto con la voce strozzata: "Mio padre lo compra".

«Stava provocando, non cedendo.

«La professoressa è restata di sasso e ha sibilato: "C'è qualcun'altra?".

«Allora la sorella del mio amico si è levata dal banco: "Professoressa, tutti i nostri genitori comprano 'L'Osservatore'".

«Ovviamente non era vero, ma non avrebbe lasciato mai sola la sua compagna.

«A quel punto si sono alzate in piedi, una dopo l'altra, tutte le ragazze.

«Persino la Jodice, una fascista fervente, che spesso andava in classe con la camicia nera, disse che anche i suoi, sì, anche i suoi, leggevano il giornale vaticano.

«La professoressa sembrava stesse per esplodere ma tacque, non poteva mettersi contro tutte le sue studentesse.»

Ribolliva ma non tacque, mio padre. Deflagrò urlando che avrebbero dovuto sbatterle tutte in galera, le ragazze e i loro genitori, che erano tutti complici degli assassini del 19 luglio, che lui le avrebbe bastonate a sangue, come si faceva un tempo.

Margherita era sbiancata. Io non mi sono neanche voltato, sapevo dov'era. Gli ho solo messo una mano al collo e ho stretto. Volevo stesse zitto, volevo non sentire più quella voce e quelle bestemmie assurde.

L'ho sbattuto al muro, mentre mamma urlava e mia sorella piangeva.

Gli ho gridato in faccia che, se non la smetteva, finivo di stringere. Lui era rosso in volto e tossiva, cercava di allontanarmi spingendomi. Ma non aveva più la forza di un ragazzo, di quando andava in giro con le squadracce a malmenare e imporre olio di ricino a poveri cristi che non la pensavano come lui.

Mi sono fermato solo perché c'erano mamma e Margherita.

Ho allargato la stretta, ho approfittato del tempo per lui necessario a riprendere fiato e gli ho urlato: «È colpa di quel maledetto del tuo Duce, se Roma è stata bombardata, se il papà di Elisa è morto, se qui facciamo tutti la fame. È colpa sua e di quelli come te. Ma presto faremo i conti. Il vostro tempo è finito. Stiamo arrivando».

Poi ho baciato Margherita, ho passato la mano sui capelli di mamma che intanto soccorreva premurosa, come sempre, suo marito, e me ne sono andato, sbattendo la porta.

Stavo per strozzare mio padre, a questo ci hanno portato.

È un fascista, ma è mio padre.

Non potrò più tornare in quella casa e ho lasciato sola mia sorella, che voleva venire via con me.

Mi sento male, forse ho sbagliato.
Mi capisci?
Mi capisci, Franco?

Ventiquattro

Ora li guardo in un altro modo. Non mi sembrano più i dominatori del mondo, le guide sicure a cui ho affidato i miei sogni di ragazzo. Mi sbaglierò, Dio solo sa quanto spero di sbagliare, ma in questo luglio del 1943 mi sembra che, come mi aveva detto Sorrentino, stia venendo giù tutto.

Il fascismo, la grande idea per la quale ho picchiato e sperato, sta marcendo. Il Duce è malato, solo, divorato dalle beghe di quei quattro squali che si è messo attorno. Gente senza scrupoli, senza ideali, salita sul tram solo con l'ambizione di guidarlo.

Ma la guida è sempre stata, è, può essere una sola: Lui. Ora ha gli occhi stanchi, il fegato in subbuglio e la mente confusa, il magnifico guidatore che ha reso questo Paese squinternato una potenza mondiale, che ha fatto tante cose e restituito ordine e disciplina.

Lo osannavano tutti, sempre. Quando andava nei paesi le donne svenivano e molti si facevano il segno della croce, come fosse Gesù reincarnato. Tutti gli rivolgevano una prece, avevano qualcosa da chiedere o supplicare. E lui, che lavorava anche di notte con la luce accesa nella Sala del Mappamondo, si occupava di ogni cosa. Anche di mettere riparo alle malefatte dei gerarchi, alla loro vita di perdizione, ai loro sporchi affari.

In agenzia si dice ad esempio che la segretaria di Farinacci si sia arricchita e abbia un patrimonio di milioni. E che lo stesso ras di Cremona, quello che ha avuto l'ardire di attaccare il mio Presidente, abbia fatto degli affari loschi con una compravendita di terreni nella sua città.

Rossoni, un altro di quei papaveri, dicono si sia fatto costruire una tomba monumentale costata duecentomila lire e pagata con soldi derivanti dai lavori fatti nel suo paesino di Tresigallo, che pare sia diventato una metropoli in questi anni. E i fratelli Buffarini-Guidi che, guarda caso, proprio in questi giorni hanno venduto la loro azienda del settore dell'ortopedia per milioni?

L'agenzia ribolle di queste notizie, da un po' di tempo. Prima penso succedessero le stesse cose, ma nessuno ne parlava. Queste informazioni circolano nei corridoi ma non vengono trasmesse sulle telescriventi. Lì ormai ci vanno sempre meno parole. Persino del bombardamento l'agenzia non ha fornito i dati ufficiali sui morti e sui feriti. Ma io li so. Me li ha detti Antonacci, di nascosto. Migliaia di figli della città eterna, della capitale dell'Impero, sono caduti sotto le bombe di quei criminali.

Il Duce ha sorvolato la città lunedì scorso. Tornando da Feltre ha voluto personalmente pilotare l'aereo ed è passato tra gli sgorbi di fumo che salivano da San Lorenzo, dal Tiburtino, dal Tuscolano. Immagino il dolore che avrà provato, nel vedere così devastata la città per la quale ha fatto tanto. Speriamo che a Villa Torlonia abbia un bunker dove ripararsi, se bombardano. A Palazzo Venezia c'è di sicuro, figurarsi.

Anche se Lui ha detto chiaro e forte che non andrà sottoterra ma salirà virilmente sul terrazzo, ad aspettare le bombe alleate.

Io ho fiducia solo nel Duce e in Sua Eccellenza. Gli altri mi fanno schifo.

I due grandi personaggi sono legati da un rapporto di affetto profondo. Quando morì la mamma del Presidente – ricordo ancora la data, il 19 gennaio 1934 – il Duce gli fu vicino. Tornato dall'udienza a Palazzo Venezia, il Presidente ci convocò tutti nella sala di presidenza e pronunciò queste parole, che ancora mi emozionano: «Il mio Duce, l'artefice sublime della fortuna del nostro Paese, forse, il pioniere della stabilità della vita avvenire del mondo, l'uomo dal mondo ammirato e dalle nazioni invidiato, sentivo di averlo vicino al mio dolore, accogliente e premuroso di tutto il mio strazio e compreso delle virtù della santa donna che ci ha lasciati.

«Come gli sono grato di tutto ciò!

«Come sento l'orgoglio di tutto ciò!

«Come forte e crescente è la mia devozione per Lui, anzi la dedizione assoluta per la vita e per la morte!».

Queste nobili e struggenti parole furono appuntate da Rosa, che aveva incredibili capacità stenografiche, e poi furono trascritte e consegnate a tutti i dipendenti in un piccolo santino con la fotografia della signora Giulitta Monti in Morgagni.

Questo è il fascismo, quello vero, quello in cui abbiamo creduto. Non le cene con le ostriche nei grandi alberghi e gli intrighi di uomini che hanno la camicia nera solo di vergogna.

Il popolo soffre e loro si arricchiscono. Il popolo ha fame e loro mangiano.

Non avrei mai parlato così, prima della guerra, e neanche fino all'anno scorso. Ma è da allora che vedo le smagliature, sento il vociare, capisco che Roma è tutta un dardeggiare di intrighi. Io, i traditori e i voltagabbana, li riconosco all'istante. Hai prosperato con il fascismo, sei stato beneficiato dal Duce? Non hai il diritto di voltargli le spalle, mentre è in difficoltà.

C'è una cosa di cui mi sono convinto, ma la tengo per me. Mussolini ha sbagliato a fidarsi del Führer, ha sbagliato a farsi trascinare in guerra e a farsi fregare con l'attacco alla Russia. Noi dovevamo coltivarci il nostro impero, dichiararci neutrali, non stare né con gli uni né con gli altri e chi s'è visto s'è visto.

Invece abbiamo svuotato le case di giovani, li abbiamo mandati a morire al fronte, abbiamo preteso l'oro alla patria dopo aver chiesto la carne da cannone alle mamme e alle mogli. Troppo.

Ora gli italiani hanno paura: tutto il Paese è bombardato, non c'è da mangiare. E, soprattutto, non c'è più serenità nelle famiglie.

Si aspetta una lettera dal fronte del proprio figlio o un telegramma di condoglianze dell'esercito, si aspetta nei rifugi che finiscano le bombe e si aspetta nei mercati che arrivi il pane.

Aspettare. Ma solo che finisca. E, ormai, può finire in un solo modo. Lo capisco anche io, Ascenzo De Dominicis, di mestiere usciere.

E non me ne rendo conto solo per quello che mi ha detto Sorrentino sul regime che si sfarina e neanche per quello che sento ormai ovunque.

Io penso questo, molto semplicemente: se la guerra sarà perduta, e lo sarà, il regime fascista finirà.

C'è chi se lo augura. Io no.

O meglio, forse che finisca il regime sì, con i suoi Giuda arricchiti.

Ma non che finisca Mussolini.

Questo no.

Martedì ho avuto un litigio orrendo con Arnaldo. Ho detto cose che non penso, per provocarlo. Ma anche lui ha esagerato. O forse no. Forse ero io che volevo solo attaccar briga. Forse ero io che volevo sfogare su mio figlio la rabbia per quello che è successo.

Arnaldo è un antifascista, mica sono scemo, l'ho capito. Come ho capito che ormai non tornerà in casa. Tantomeno dopo quello che è accaduto. Gli Alleati sono amici suoi, con chi me la dovevo prendere?

Forse non dovevo prendermela con nessuno, ho pensato quando, dopo di lui, anche io ho sbattuto la porta di casa, sono uscito e, prima di venire in agenzia, ho gironzolato come un vagabondo per il quartiere.

Da quel giorno nessuno mi parla più, in casa, né Maria né Margherita. Mi lasciano da mangiare sul tavolo e le trovo che dormono, o fingono di dormire.

Se vado in stanza da mia figlia, quando apro la porta mi accorgo che legge dei libri, quelli che le consigliava Arnaldo. Appena mi vede spegne la luce e finge di riposare.

Maria non mi ha più rivolto la parola, mi ritiene responsabile del fatto che suo figlio, in questa città sotto bombardamenti, stia in giro chissà dove.

Ci penso e ci ripenso. Vorrei che non fosse successo. E, se conosco un po' il cuore di quel ragazzo, penso che anche per lui ora sia lo stesso.

Io non sono come la professoressa di quella scuola, io non denuncio mio figlio. Non lo farei mai.

Lo prenderei a ceffoni, questo sì.

Ma stasera, quando torno a casa e mi chiudo in bagno a piangere, mi prendo io a ceffoni.

Da solo.

Venticinque

Elisa, nell'ascoltare la storia di Margherita, sente dentro di sé due reazioni contrastanti. Da una parte condivide lo sconcerto e il dolore misto a rabbia della sua amica, che ha visto suo fratello e suo padre picchiarsi come due nemici. Dall'altra però quasi invidia quella famiglia piena di uomini, con i loro conflitti da galli ma pure con il conforto e la sicurezza che la loro presenza fornisce in casa.

Le viene in mente, come un colpo di stiletto al cuore, il silenzio doloroso del suo appartamento. Il trascinarsi delle pantofole della madre avanti e indietro per il corridoio, la desolazione di una stanza matrimoniale occupata solo da una parte, il silenzio di colazioni, pranzi e cene tutti uguali. Per il cibo, sempre più scarso, e per il silenzio, sempre più invadente.

La mamma ancora non sa del padre. Elisa e lo zio hanno concordato di aspettare una conferma ufficiale. Magari davvero la lettera poteva essere stata scritta in un momento di sconforto o forse non voleva dire quello che sembrava. È inutile provocare in quella donna la fine di ogni speranza.

Perché lei non smette di credere che un giorno il campanello suonerà e lei se lo troverà di fronte. Forse stanco, infreddolito, emaciato. Ma con lei, con loro.

Da quando sua madre è a letto, dopo le ferite di lunedì, a Elisa tocca andare a cercare cibo. Ormai la razione di pane è scesa a centocinquanta grammi al giorno e quella settimanale di carne a un etto. Ormai si cucinano broccoli in salsa bianca e polenta con i cavoli. L'insalata non si condisce più con l'irreperibile olio ma con acqua, fecola di patate, sale e una goccia di aceto. La mamma ha trovato in parrocchia un libretto, *La cucina del tempo di guerra*, in cui si magnifica la bontà della zuppa di ortiche e poi si suggerisce il caffè di ghiande tostate, l'insalata di carote gialle e le minestre con le bucce dei piselli.

Elisa ogni tanto sogna invece un piatto di pasta al ragù, una bella bistecca e una torta al cioccolato. Ma non sa se nel suo stomaco, ormai ridotto dalle nuove abitudini, tutto quel ben di Dio troverebbe ora posto.

Se ci fosse stato suo padre qualcosa avrebbe inventato, certamente.

Ora nella casa, diventata troppo grande, sono solo loro due.

Ma, in fondo, adesso anche a casa De Dominicis Margherita e sua mamma sono rimaste sole.

Arnaldo scappato di casa e il papà che esce presto e torna tardi, un fantasma ormai.

Elisa ogni tanto, prima di dormire, immagina di essere Peter Pan e di volare fuori dal suo appartamento in una di queste notti impaurite. Le sembra di poter vedere dietro i vetri delle finestre oscurate e si è convinta che, a parte gerarchi e imboscati, in ogni casa siano rimaste solo donne, ormai.

Come se gli uomini siano stati risucchiati in un vortice misterioso, come il suo papà.

Una società composta da donne sole. Tante donne solitarie, mute, dipendenti da decisioni assunte dai pochi uomini rimasti, le cui scelte avrebbero determinato il destino definitivo di quelle mogli, figlie, nonne che aspettavano.

Non facevano altro che aspettare. Un ritorno, un segnale, un pezzo di carta. Qualcosa che consentisse loro finalmente di indossare un sorriso, di riaprire le imposte, di rinfrescare il letto e la biancheria, di sedersi davanti a uno specchio e cercare di farsi belle, cancellando l'usura dei giorni vissuti, lontani.

Sarebbe bastato poco, sarebbe bastata la normalità.

Ma nulla era più semplice in quel tempo infernale.

L'immagine di suo padre seduto, immobile, coperto di neve, con dei bambini che ignari lo scambiano per un pupazzo e gli infilano una carota all'altezza del naso non lascia mai Elisa.

Anche ora, nella stanza della sua migliore amica, mentre lei le racconta della rissa dei suoi uomini, ogni tanto quell'immagine si fa strada e le squarcia il cuore. E persino le fa pensare che, in fondo, quelle di Margherita, sono pene minori. Suo padre e suo fratello ci sono, lei può sentirli, toccarli, immaginare di abbracciarli presto.

Dolori per dilettanti. Non come il suo, maestoso e professionale. Un dolore che non si sa neanche se sperare finisca con una notizia certa che metta fine alla pena dell'attesa oppure preferire che resti aperto, nell'incertezza, per alimentare quella speranza che, comunque, fa sì che ogni giorno possa sembrare una possibilità.

Però di questo pensiero Elisa si vergogna. Non esiste una gerarchia dei dolori. Non c'è un metro, non si misurano. Non è possibile perché non può esserci una classifica universale, uguale per tutti. Ogni dolore è su misura.

Forse la scena che la sua amica aveva visto, due amori che si picchiano, è terribile come un'attesa o una lettera dai cento significati.

Anche questo le lega, in fondo.

Ora sono quattro donne sole. Magari una sera avrebbero diviso la minestra di broccoli e un po' di lacrime.

A piangere insieme, si piange meglio.

Sto guardando Elisa, mentre le racconto quello che mi è capitato. Ma mi rendo conto che la mia descrizione del conflitto tra papà e Arnaldo le può sembrare piccola cosa, a fronte della lettera che ha trovato in casa e della sua, di tragedia.

Allora mi fermo, le prendo la mano e le chiedo se vuole uscire. Restiamo vicino a casa, così, se suona la sirena, torniamo subito al rifugio. Con lei mi sento di rimettere il naso fuori, altrimenti no. Da lunedì sono sempre rimasta tra queste quattro mura, che ora mi sembrano il mio fortino blindato.

Prima di uscire abbiamo fatto finalmente una cosa divertente, da ragazzine. Abbiamo telefonato a Giulio, per ringraziarlo ancora. In fondo siamo vive solo grazie a lui.

Tra un po' lo incontreremo. Ho capito che Franco è inavvicinabile, troppo bello per essere vero e, soprattutto, troppo grande per me.

In verità anche Giulio ha la stessa età, ma mi sembra più simile a noi. Franco ha un'aria distaccata, lontana, sembra un nobile disceso tra gli umili. Non che sia antipatico, ma il suo carisma sembra affondare in una qualche forma di diversità rispetto a tutti gli altri. Quando passava a scuola era come se spirasse una brezza leggera e profumata. Il suo fascino è la sua leggerezza, cammina come se ballasse nell'aria. E lo stuolo di ragazze e ragazzi che lo circonda in ogni istante non solo lo rende irraggiungibile, ma crea attorno a lui un alone come di santità, una specie di corona di luce.

Quando Arnaldo era a casa ne abbiamo parlato. Anche lui era rimasto colpito da questa sensazione quasi di soprannaturale che emanava da Franco.

«Si chiama carisma» mi ha detto una sera prima di dormire «e può nascere dalla bellezza, dall'intelligenza e dal carattere. In Franco tutte le tre cose si incrociano, si mescolano e danno vita a una creatura unica, che semina fascino e ammirazione ovunque.»

Mio fratello mi ha raccontato di certe mattine, durante l'anno scolastico, in cui lui andava a ballare la musica moderna in una sala vicino a piazza Fiume.

«Franco era una star gentile, si concedeva a chiunque per insegnare l'arte del ballo. Sembrava saper fare con semplicità ogni tipo di danza: inanellava passi sempre perfetti e portava con eleganza ogni suo compagno, uomo o donna che fosse. Era generoso, distribuiva talento e sapienza. Un giorno mi sono chiesto se fosse uomo, donna o tutti e due. Vedevo infatti che ogni essere umano che incontrava, indipendentemente dal sesso, si invaghiva del suo modo di essere. Mi piacerebbe essere suo amico, spero di riuscirci.»

«A me piacerebbe essere la sua fidanzata, spero di riuscirci» ho detto io, spegnendo la luce.

Anche lui lo ha fatto.

Ma, prima che venisse il buio, il suo sorriso l'ho visto.

Ventisei

Franco è davanti alla finestra, di spalle.

Quella con cui è iniziata la nostra discussione era una domanda retorica.

Certo che ho fatto male a stringere il collo di mio padre. Però è anche certo che lui mi ha provocato. Insomma, reazione sbagliata a un'azione sbagliata.

È quello che mi ha ripetuto per ore, con l'obiettivo di placare la mia ansia, per alleviare il mio dedalo di sensi di colpa verso tutti: papà, mamma e soprattutto Margherita.

Quando ho sbattuto quella porta ero sconvolto. Fuori dal portone del palazzo mi ha investito la luce abbacinante di luglio, la stessa della mattina del bombardamento. Un sole che ormai mi inquieta, perché lo associo alle macerie e al sangue.

Non volevo tornare alla terrazza, troppa gente, non volevo farmi vedere così. Avrebbero scambiato il mio stato d'animo per fragilità o debolezza. E tra noi sono sentimenti non concessi.

Mi sarebbe piaciuto parlare un po' con i più anziani, farmi dare consigli, sentire la loro opinione, figlia di quella grande ricchezza che è il vissuto, l'esperienza dei giorni e delle situazioni. Ma non era il caso, forse avrei pianto, forse la voce mi si sarebbe fermata prima di uscire, forse non sarei stato capace di tenere in equilibrio, nel resoconto dell'avvenuto, il giusto astio per un fascista in camicia nera e il comprensibile amore per un padre che quel vestito ridicolo indossava. Sarei sembrato smarrito, non potevo permettermelo.

Però volevo andare via rapidamente dal quartiere, temevo che papà scendesse a cercarmi o che, peggio, lo facessero mia madre e Margherita. Non sarei potuto tornare a testa bassa in quella casa e, però, non avrei saputo resistere al loro pianto.

Il mio non era stato un gesto d'impulso. Mettergli le mani al collo sì, lo era stato. Sbattere la porta e andare via, no.

Non avevo scelta. Cosa dovevamo fare? Metterci a sedere e discutere? Sarebbe stato peggio. L'amore tra noi non è più capace di compensare la totale guerra tra le nostre idee.

Siamo nemici, se non fossimo padre e figlio ci uccideremmo. Questa è la verità. E certe volte non so più neanche se ormai basti avere lo stesso sangue per evitare che questo accada. La storia ci ha portato fin qui. Noi che dovremmo amarci, ci odiamo. E sono sicuro che il mio sentimento, forse in modo diverso, è lo stesso di mio padre.

Per lui Mussolini è più importante di tutti noi, questo

è fuor di dubbio. Non ha mai avuto la curiosità di sentire come la pensavo, di porsi delle domande, di ascoltare le mie ragioni, di farsi carico della paura e della rabbia che mi sono montate dentro.

Mi chiamo Arnaldo, come il fratello del Duce, e lui, che mi ha messo le divise da fascista bonsai fin da quando ero un poppante, sperava diventassi come quei leccaculo, parassiti e faccendieri che sono prosperati all'ombra del regime.

Il suo venerato Presidente mi avrebbe trovato un posto di lavoro: "Telescrivente e moschetto, fascista perfetto". Sarei uscito con mio padre al mattino, magari con il fez e la camicia d'ordinanza, saremmo tornati a casa insieme e infine avremmo dedicato le serate alla lettura dell'opera omnia del Duce e all'ascolto di *Giovinezza* o *Faccetta nera* alla radio.

Questo aveva sognato per me.

Aveva scritto tutto il mio destino all'anagrafe, scegliendo quel nome che mi fa vergognare.

Ma io voglio la libertà, tutta la libertà. Voglio poter gridare quello che penso, voglio poter ritrovare i miei amici ebrei, voglio stampare giornali e volantini, voglio ballare lo swing senza aver paura della polizia, voglio leggere i libri americani. E voglio mangiare, voglio strappare quella merda di carta blu dalle finestre e tenerle aperte nelle sere d'estate. Voglio avere un partito nel quale militare, per il quale votare, con il quale fare manifestazioni e scioperi. Voglio pensare con la mia testa e non con quella della marionetta che fa le facce nei filmati del Luce.

Non voglio osannare il Duce, voglio che tutti partecipino e tutti decidano. Voglio che non ci siano più i gerarchi che mangiano a quattro ganasce e i poveri che aggiungono sempre un buco alla cintura. Non voglio camicie tutte uguali, voglio il mondo a colori. Non voglio aver paura di tutto: della polizia politica, dell'OVRA, della milizia, degli spioni che sono ovunque, del partito, dei tedeschi, delle bombe, della fame.

Voglio avere speranza, chiedo troppo?

Tutto questo mio padre non lo ha mai voluto sentire. Ne sono riuscito a parlare solo con gli altri sulla terrazza e, oggi, con Franco.

Quando sono fuggito per le vie del mio quartiere la gente per strada mi guardava correre a perdifiato e poi alzava la testa per vedere se stavano di nuovo arrivando gli aerei.

Sono arrivato all'università e lì ho incontrato Franco, che mi ha visto sconvolto e mi ha detto se volevo andare da lui. I suoi sono rifugiati a Rocca di Papa perché temevano quello che poi è successo.

Io pensavo lui abitasse ai Parioli. Non so, in via Secchi dove stava Ciano o in via Mangili dove risiedeva Bottai o addirittura in via Veneto, dove aveva casa Rossoni.

Invece stava in un terzo piano in via Montebello, vicino alla stazione. Un palazzo popolare, un appartamento piccolo e un po' buio. Ma arredato con gusto.

Mi ha fatto entrare, mi ha dato un po' di camomilla per calmarmi.

E poi mi ha ascoltato. È stato tutto il tempo ad ascoltarmi. Ha visto sgorgare e fluire quel fiume prorompente di parole senza interrompermi e, però, senza neanche mettersi in posizione passiva, come chi osserva le acque turbolente dall'affaccio di un ponte, quasi non lo riguardasse.

Il suo carisma stava nel saper equilibrare il rispetto del mio bisogno di parlare e la misura di domande sempre appropriate, capaci di scavare in quello che dicevo.

Sapeva frenare e accelerare, sapeva ascoltare e interloquire nel modo giusto.

E soprattutto sapeva dosare il silenzio. Lo usava quasi teatralmente. Ma era una teatralità spontanea, sincera. Sentiva che certe mie frasi meritavano una pausa, dopo. E riempiva quelle finestre silenziose di uno sguardo puntato nei miei occhi.

Poi, quando mi è venuto da piangere, pensando allo smarrimento di Margherita, lui mi ha preso la mano. Non me lo aspettavo. Ho cominciato a tremare. Allora mi ha asciugato gli occhi e poi mi ha abbracciato.

Eravamo in piedi, perché io ero tanto agitato che non riuscivo a raccontare da seduto. Siamo restati così per un tempo che mi è sembrato eterno. Poi lui mi ha preso il viso tra le mani e ha appoggiato le sue labbra sulle mie. Non mi ha baciato subito, mi ha fatto sentire il calore del suo fiato nella mia bocca che ora era aperta. Io non capivo più niente, avevo voglia di afferrare quelle labbra ma mi sembrava enorme, quello che stava accadendo. Enorme e inaspettato. Non mi riconoscevo.

O forse, per la prima volta, sì. Non stavo abbracciando un uomo o una donna. Volevo baciare una persona, un essere umano che sentivo vicino, che volevo dividesse integralmente quel momento di rugiada che si era creato, dopo la grande tempesta.

Il gioco del fiato sembrava non finisse, mi sembrò che fosse, da parte sua, anche un modo educato e rispettoso per farmi decidere, una pausa nella quale, se avessi voluto, sarei potuto scappare.

Avrei potuto di nuovo sbattere una porta, uscire anche da quella casa, varcare anche quel portone, essere abbacinato anche dal sole di via Montebello, cominciare di nuovo a correre con la gente che guardava per aria.

Sono stato io, a guadagnare le sue labbra. Non sono scappato. Il mio posto ora era lì, nel contatto con quella superficie morbida, con quella lingua calda e accogliente.

Ha cominciato a spogliarmi e quando gli ho detto – mi sembrava fosse mio dovere farlo – che per me era la prima volta, mi ha sussurrato che anche per lui lo era.

Io ho sperato non fosse vero, che dicesse a tutti così. Non potevamo essere due principianti: era una cosa troppo importante, troppo sconosciuta e difficile. Uno dei due era meglio sapesse cosa si doveva fare. Cosa era giusto fare e non fare.

Ora che è successo mi sento bene. È stato tutto dolce e semplice. In fondo mi sembra di essere coerente con le mie idee. Io non credo di essere un pederasta o un invertito, come dice il regime, che li perseguita. Non lo so, lo scoprirò. Non ci sarebbe nulla di male. Basta però che i miei non lo sappiano.

Ma anche questo voglio.

Voglio essere libero di amare chi voglio.
Le persone che mi piacciono. Le persone a cui piaccio.
Ora Franco si è voltato, ha avvertito che sono sveglio.
È nudo, davanti alla finestra.
Si gira, mi sembra ancora più lieve, perciò bello.

Ventisette

Stacco il foglio con scritto 24 luglio dal calendario. Sono appena arrivato in agenzia. Al sabato il lavoro, per il personale tecnico e amministrativo, finisce alle tredici. Fu una brillante idea, una delle poche, di Starace, l'istituzione del sabato fascista. Nel pomeriggio, finito il lavoro, ci si poteva così dedicare ad attività addestrative di carattere pre e post militare, oppure a esercitazioni ginniche. Una giornata piena di impegni, quasi più stancante delle altre.

Ma ora è luglio, fa caldo e poi, con il tempo, le persone sono stufe di passare ogni sabato a marciare o a imparare a usare il moschetto. Se ne stanno a casa o sotto le frasche delle osterie a cercare un po' di refrigerio.

Dagli torto, con il caldo che fa... Io sudo zampillando come una fontana, intabarrato come sono in questa giacca di lana grezza. Quest'anno, per le restrizioni della guerra, non ci hanno dato quelle estive.

Oggi però si respira un'atmosfera frizzantina nei corridoi, insolitamente affollati, della zona di presidenza dell'agenzia. Sua Eccellenza è arrivato presto e già mi ha chiesto tre caffè, secondo me dimenticandosi ogni volta l'ordinazione precedente.

Io lo conosco, con rispetto, e so che quando non alza lo sguardo dai fogli, quando non si accorge della mia presenza, quando fende l'aria con la mano per cercare a tentoni la tazzina, perché non ha il modo neanche di alzare la testa per guardare dov'è, allora vuol dire che sta succedendo qualcosa di grave, di tanto grave.

In agenzia si parla molto di tre eventi, in questi giorni. Tre argomenti che sono diventati persino più importanti dei costanti, inequivoci rovesci della guerra.

Me li ha rivelati, per la confidenza che c'è tra noi, Sorrentino. Previa garanzia che non ne avrei mai fatto parola con nessuno.

«Non sono pettegolezzi, Ascenzo, sono segreti nazionali. Se ci beccano che ne parliamo, finiamo male. Ti raccomando, davvero. Te ne metto a parte perché sono ore importanti, che possono essere decisive. Ascenzo, non escludo che, come ti avevo detto, stia per precipitare ogni cosa.

«Primo argomento: il fallimento di Feltre. Hitler ha trattato il Duce come un lustrascarpe, non gli ha fatto aprire bocca, non gli ha concesso nulla, lo ha portato per il naso con la superarma, dicendo addirittura che ne stanno preparando due.

«Mentre il generale Ambrosio incalzava il suo omologo capo di Stato maggiore nazista Keitel, il Duce si sorbiva tacitamente la reprimenda del Führer.

«Uno litigava, l'altro taceva.

«Non gli ha detto nulla, era intimorito. Pare che l'unico suo desiderio fosse la fine di quei colloqui, che in realtà erano sermoni di Hitler. Quando De Cesare, il segretario, gli ha portato la notizia del bombardamento lui è sbiancato. Aveva dato assicurazioni al Vaticano che non sarebbe mai successo. Da quel momento, lo ha riferito al direttore il sottosegretario Bastianini, che era presente, Mussolini sembrava inebetito. Non ascoltava Hitler, pensava a Roma in fiamme.

«Mussolini avrebbe dovuto mettere in conto, visto l'esito dell'incontro, l'ipotesi di uno sganciamento dall'Asse con i nazisti se non ci venivano concessi i rinforzi, armi e divisioni, necessari per continuare la guerra. Sempre Bastianini ha riferito le parole stizzite dette ai nostri che lo incalzavano: "Pensate che io non senta questo problema? Ammetto l'ipotesi. Sganciarsi dalla Germania. Bene, quali saranno le conseguenze? Il nemico pretenderà, giustamente, una capitolazione. Siamo disposti a cancellare d'un tratto vent'anni di regime? A riconoscere la nostra prima sconfitta militare e politica? E poi Hitler quale atteggiamento prenderebbe? Credete forse che ci lascerebbe libertà d'azione?".

«Secondo argomento, collegato al primo. Mussolini è stanco e malato. La sua ulcera lo divora, mangia poco, dorme meno. Spesso deve restare a letto e dicono che non sia più lucido come prima. Lo raccontano come prigioniero di una caduta psicologica, di una deriva. È un uomo solitario, senza amici, senza persone di cui fidarsi.

Se pensi al conflitto devastante che ha avuto persino con Galeazzo Ciano, il genero... Anche il re ora è preoccupato per lo stato di Mussolini.

«E qui veniamo al terzo argomento. Sembra che la monarchia tema di essere travolta dalla sconfitta nella guerra e consideri il Duce, che ha voluto avocare il comando militare nelle sue mani, il principale responsabile di una disfatta quasi certa. I Savoia non vogliono restare con il cerino in mano, questo è poco ma sicuro. Cosa faranno non si sa, ma certamente molti dei gerarchi più antimussoliniani, ormai sono tanti, sono collegati con il Quirinale.»

Io sono allibito. Come è possibile? La guerra persa, Mussolini malato e solo, il re e i traditori congiurati che complottano contro di lui. Sapevo che la situazione era difficile, ma non immaginavo tanta codardia, tanta ingratitudine. Un po' però è anche colpa del Duce, che si è contornato sempre di persone di scarsa qualità, ha lasciato correre la corruzione e ha fatto andare avanti, anche nell'esercito, solo incapaci e infedeli.

Dov'è finito il Duce di una volta, quello che con un roteare degli occhi seminava il panico, quello che ha bonificato le paludi, costruito le infrastrutture, fatto grande Roma nel mondo?

Mi piacerebbe sapere cosa pensa Sua Eccellenza di questa situazione, ma né il rispetto che gli devo, né il suo umore, né il viavai costante di persone nel suo ufficio mi permettono anche solo il pensiero di farlo. Sarebbe improprio, presuntuoso e irriverente rubare un momento del tempo di quell'uomo perché informi me, umile usciere, di cosa stia succedendo.

Però, in fondo, io che l'ho sempre servito, che non ho mai saltato un giorno di lavoro, che ho svolto per lui qualsiasi mansione, anche la più riservata, che gli sono stato sempre fedele, avrò diritto di sapere cosa può accadere a lui, a me, alla mia famiglia?

Se si presenta l'occasione prendo il coraggio a quattro mani e cerco di avere udienza.

L'occasione si presenta. Suona il campanello, Sua Eccellenza desidera il quinto caffè. E siamo all'ora di pranzo.

Ora nel suo ufficio non c'è nessuno. E nessuno attende di essere ricevuto. Entro, deposito il caffè sul tavolo, sento come un martello pneumatico il suo cucchiaino che gira, gira e tritura ogni granello di zucchero. È l'unico suono avvertibile in quel luogo, il tappeto ha attutito i miei passi e ho posato il cabaret sul tavolo senza neanche un fruscìo.

In quel silenzio, con il cuore che mi batte a mille e il respiro affannoso, gli domando, tutto d'un fiato: «Eccellenza, perdonatemi. Vi porgo umilmente le mie scuse, ma sapete, qui in agenzia e per strada si sentono tante cose. Mi permetto di chiedervelo non per me, poco conto, ma per Maria e i ragazzi: voi pensate davvero che possa succedere qualcosa?».

Il Presidente smette lentamente di girare lo zucchero. Ora questo silenzio mi fa paura. Alza lentamente lo sguardo e mi fissa, come sorpreso che ci sia qualcuno nella stanza e che abbia, persino, parlato.

Stavolta mi parla con il tu. Ma sembra infastidito.

«Di cosa parli, Ascenzo? Va tutto bene. Il regime è compatto e ha tutto sotto controllo. Mussolini sta per rivelare l'arma con cui vincerà la guerra. Tu e i ragazzi potete stare tranquilli. Ora vai.»

Mentre esco vedo entrare il direttore Suster nell'ufficio.

Lo ha accompagnato fin sulla soglia Sorrentino, che si guarda intorno, mi prende da parte e mi bisbiglia: «Suster mi ha detto di tenermi pronto perché oggi possono esserci grandi novità. Pare che Mussolini abbia convocato il Gran Consiglio a Palazzo Venezia per le diciassette. Glielo hanno chiesto i gerarchi e lui ha ceduto. È la prima volta dal 1939, neanche per la dichiarazione di guerra li aveva convocati...

«Sembrerebbe dunque una cosa importante. Non si sa come potrà finire. Se esagerano, certo li fa arrestare tutti e il regime subirà un altro bello scossone. Altrimenti sarà la solita farsa. Roboanti annunci di fronda e poi lui li spaventa e i pecoroni se la fanno sotto. Però non lo so, sento qualcosa nell'aria, qualcosa di diverso dal solito. Comunque rimanga sempre un segreto tra noi, mi raccomando! Ti avverto se succede qualcosa. Saluta Maria e i ragazzi».

Fa per girarsi e tornare davanti all'uscio dove ha lasciato il suo direttore.

Lo fermo per un braccio: «Scusa, solo una cosa. Secondo te Sua Eccellenza ne è a conoscenza?».

Sorrentino mi guarda e mi fa un sorriso largo e un po' beffardo: «Io non lo sapevo, fino a ora. Morgagni è stato certamente informato, almeno ieri, da Suster. Perché? Volevi forse dirglielo tu? Di cosa credi stiano parlando in questo momento, di Nuvolari?».

Ventotto

Ieri sera papà è tornato tardi, doveva essere molto tardi.

Io mi sono addormentata dopo aver ascoltato al programma B dell'EIAR l'orchestra Zeme che eseguiva le musiche che più mi piacciono, quelle tratte dai film. Sul programma A davano delle opere di Rossini e Respighi, che un po' mi annoiano.

Anche la radio ormai mi angoscia. La accendo solo la sera e solo per ascoltare la musica. Durante la giornata è tutto un flusso ininterrotto di cose cupe, nere come la guerra.

La giornata inizia con un programma, che viene ripetuto varie volte nelle ventiquattro ore, in cui i nostri militari combattenti e i soldati dislocati in territori occupati fanno sentire la loro voce per i parenti a casa. Nel primo pomeriggio vengono trasmessi per un quarto d'ora elenchi di prigionieri di guerra italiani.

Inutile dire che la mamma di Elisa non perde uno solo di questi appuntamenti.

Poi ci sono le radiocronache dalle colonie estive del

Partito nazionale fascista, notiziari d'oltremare e trasmissioni dedicate alla Romania. Io seguo regolarmente la programmazione sul «Radiocorriere», in modo da poter trovare i pochi spazi in cui l'orchestra del maestro Angelini suona i ritmi che piacciono a noi giovani.

Non sono quelli che Arnaldo ascolta quando va a ballare. Lui mi ha detto che quella che chiamano swing è musica travolgente, ti fa muovere, ti regala allegria. Arnaldo dice che gli americani sono così, che quando arriveranno porteranno gioia e libertà, musica e cioccolata.

Sul numero del «Radiocorriere» di questa settimana, oltre alla pubblicità del "Brevetto mondiale Stalto, unico apparecchio allungatore che garantisce crescita fino a 15 centimetri", c'è un editoriale che invece parla così degli americani: "Un popolo il quale valuta gli uomini sulla stregua dei dollari che guadagnano senza preoccuparsi del modo in cui li guadagnano, per cui un Al Capone è ammirato quanto un Ford e un Rockefeller; un popolo il quale apprezza l'estetica architettonica in funzione del numero dei piani degli edifici; un popolo il quale stima un'opera di pensiero alla stregua della sua commerciabilità".

Non so chi abbia ragione, credo Arnaldo. Lo spero perché vorrebbe dire che lui sta dalla parte giusta. A me l'America piace, affascina. Arnaldo, prima di andarsene da questa casa, mi ha lasciato dei volumi scritti da autori che lui ha amato. E io ho cominciato a leggerli.

Prima lo facevo la sera, dopo cena. Da lunedì, quando hanno bombardato, esco poco, solo con Elisa, e quindi durante il giorno non ho nulla da fare.

Allora prendo i libri di Melville, Saroyan, Steinbeck, Dos Passos e li divoro. Mi immergo in un altro mondo. Che mi sembra a colori, fatto di grandi spazi e avventure appassionanti. Un mondo lontano e possibile, tanto diverso dal nostro.

Io non sopporto più i riti del regime, le sue divise, i suoi obblighi. Sono una ragazzina, non capisco molto di quello che accade, ma mi sembra tutto triste, tutto nero, come le camicie che papà indossa con orgoglio.

Anche se stamane ho visto che l'ha lasciata sul letto. In questi giorni ho notato, anche quando mi affaccio alla finestra, che la indossano sempre meno persone.

Forse siamo solo tutti stanchi, la guerra ci ha sfibrato e impaurito. Non vediamo il futuro e la gloria del passato non ci basta più. Nessuno ha più il coraggio di lodare il Duce, neanche mio padre. Al massimo dicono: «Poveretto, è malato, è solo e gli altri sono dei delinquenti».

Questi sono i discorsi di papà, quelli che si sentono in giro, quelli delle donne del popolino che mamma mi ha riferito ieri quando è tornata dal mercato e ci siamo sedute attorno al tavolo della cucina, ben illuminate dal sole. Stavamo sbucciando le fave, per fare la solita minestra, quando anche lei, che di solito non esce mai dal recinto che si è imposta o che mio padre le ha costruito attorno, mi ha detto che non se ne può più di questa situazione, che non vede l'ora che finisca la guerra. E ha aggiunto, voltandosi come se potesse esserci qualcuno: «Non vedo l'ora che finisca pure il fascismo».

Poi però ha sussurrato, con le mani che le tremavano: «Ma che succederebbe di noi? Tutti sanno che papà è un fascista convinto. E il primo a saperlo è tuo fratello. Io non ci dormo di notte, per la preoccupazione.

«C'è la guerra tra Asse e Alleati, quella tra i fascisti e gli antifascisti e, in questa famiglia, quella tra tuo padre e tuo fratello. Li hai visti l'altro giorno? Una scena terribile, che non avrei mai immaginato di vivere.

«Chiunque vinca, tu e io perdiamo. Non torneremo mai più come prima, questa è la verità. Non saremo mai più la famiglia che eravamo. Scusa se ne parlo a te. Ma con chi posso sfogarmi? Con tuo padre no, magari ci rimedio una delle sue sfuriate, tuo fratello non so dove passi le sue giornate e le sue nottate…

«Ora ci sei solo tu, qui. Ormai sei grande e hai dimostrato di essere una ragazza saggia. E puoi sentire questi discorsi. Tu sai dov'è Arnaldo? Ti ha detto dove è andato a vivere? Con chi sta? Non si starà mettendo nei guai? Per fortuna nessuno sa nulla delle sue decisioni. Adesso anche i muri hanno orecchie, bisogna stare attenti a ogni parola, a ogni gesto.

«Ho detto alla portiera, che certamente lo spifferera a tutto il quartiere, che lui è andato da una mia cugina ai Castelli e che forse noi lo raggiungeremo. Ci ha creduto o ha finto di crederci. Tanto ora tutti dicono bugie, solo bugie. Se lei ti fa qualche domanda, tu di' che le cose stanno così».

«No, mamma, sono giorni che non lo sento. Di solito ogni tanto telefonava. So che sta con dei suoi amici che la pensano come lui. Mi ha raccontato che vive a casa di uno di loro, una casa sicura, dove c'è una terrazza. Non ho altre notizie, mi ha detto che non mi svelava nulla di più per non mettermi nei guai. Piuttosto: come mai papà è uscito così presto anche oggi che è domenica? E come mai ieri sera è rientrato tanto tardi e non ha neanche mangiato? Ho visto che stamane il cibo sul tavolo era intatto, prima che tu lo togliessi. Che sta succedendo? Ti ha detto qualcosa?»

«È arrivato in piena notte, dormivo. Non mi ha svegliato. Dal giorno del litigio con tuo fratello non ci parliamo più. Spero abbia un'amante. È uno scherzo, ovviamente. L'unica cosa che mi ha biascicato stamane, quando è uscito all'alba, è stata: "Oggi non torno a pranzo, c'è una situazione grave".

«"In agenzia?" gli ho chiesto.

«"Magari fosse solo in agenzia..." mi ha risposto frettolosamente, mentre chiudeva la porta.

«Margherita, ho paura. Mi prometti che almeno noi due staremo sempre unite?»

Le prendo la mano. La sua pelle è provata dalla fatica, dai saponi dei panni e dei piatti lavati in tutti questi anni, solo per noi.

Gliela stringo e le dico: «Sono tre parole: ti voglio bene».

Poi mi alzo, metto il disco di Vittorio De Sica sul grammofono, e mi avvicino, come invitandola a ballare.

Lei ride, si sistema i capelli, sfila il grembiule da cucina e si alza.

Così oggi, domenica 25 luglio 1943, nella cucina piena di sole di una casa del quartiere Italia di Roma, una mamma e una figlia danzano sorridendo, mentre De Sica canta, con la sua voce suadente:

«*Sono tre parole,*
"ti voglio bene",
sono queste sole
che vuole il cuor».

Ventinove

Incontro, mentre esce dalla messa, Alfredo, uno dei miei compagni delle elementari. Mi dice che Benito, il mio amico figlio del calzolaio, si è arruolato come fante nel 17° Reggimento addestramento volontari "Acqui" e che è stato trasferito da qualche tempo a Cefalonia. Loro due sono rimasti amici, anche quando i genitori di Benito si sono spostati ai Castelli. Si scrivevano, qualche volta si erano persino sentiti per telefono.

Alfredo ora è terrorizzato di dover andare sotto le armi, pensa alla cartolina precetto come un incubo, e proprio non è riuscito a capire perché Benito abbia scelto di partire volontario e di farsi spedire laggiù, lontano da tutto e da tutti.

Io per fortuna dovrei averlo evitato, il militare. È l'unico favore che ho chiesto a mio padre; gli ho detto che mi sarei ammazzato se fossi dovuto partire soldato per il Duce e che lui mi avrebbe avuto sulla coscienza due volte se fossi morto al fronte per difendere un regime marcio, nel quale non credevo.

Doveva decidere, almeno stavolta, se ero più importante io, la mia sicurezza e persino la mia stabilità mentale o la sua obbedienza al regime e ai suoi ridicoli precetti.

Odio la guerra e non voglio farla. Tutto qui. Glielo dissi chiaro e forte. Una di quelle cose che i figli dicono senza che i genitori possano replicare. Una di quelle cose che inchiodano i genitori con le spalle al muro. O tuo figlio o il regime.

Altre volte avrei avuto paura di ascoltare la sentenza di risposta a questo interrogativo, avrei temuto di essere la seconda scelta. Ma sul fatto che avrebbe tentato il possibile per evitare che io indossassi un elmetto troppo largo, una divisa di lana grezza, imbracciassi un moschetto della prima guerra mondiale e salissi su uno di quei carrarmati di pastafrolla, su questo non ho mai avuto dubbi.

Per ragioni strategiche, quando ancora stavo a casa, avevo chiesto a mamma di aprire lei il discorso con papà. Non le fu difficile: l'idea di trovarsi ad attendere il ritorno di una medaglietta invece che del proprio figlio, o la prospettiva di vivere come la mamma di Elisa, in attesa di un segno che non viene mai, l'avrebbe costretta alla pazzia.

Mi disse che lo avrebbe fatto e avrebbe domandato a mio padre, in ogni caso, di farmi restare a Roma, magari in un ministero.

Le madri cercano sempre soluzioni. Sono concrete, realistiche e non hanno paura delle scorciatoie. A lei sarebbe bastato che fossi a Roma, vicino a lei.

Io invece non volevo avere proprio nulla a che fare

con la guerra. Né al fronte dove si sparava, né dove si decideva di mandare la gente a morire. Nessun ministero. Mai in mezzo ai fascisti. Mi bastava mio padre.

Anche perché, lo dissi poi a papà, se proprio avessi dovuto sparare, io avrei puntato il fucile contro i tedeschi e non certo contro gli Alleati.

O trovava un modo per farmi riformare o io sarei diventato, con suo grande disonore, un renitente alla leva, un imboscato, un disertore. Tutti si sarebbero chiesti perché, anche in agenzia.

E certo la sua fedina di fascista perfetto, con un figlio dichiaratamente avverso al conflitto, sarebbe stata compromessa per sempre.

Sarà stato per affetto o per calcolo ma mio padre, in verità per l'unica volta in tutta la sua vita, chiese un favore al suo dio e padrone, "il Presidente", come lui lo chiamava sempre, deferente e sussiegoso.

Mi è dispiaciuto costringerlo a fare così, ma non avevo alternative.

Per me, per lui, per tutta la famiglia.

Il giorno in cui ne abbiamo parlato, lui, che scemo non è, ne ha approfittato per infilzarmi.

Mi ha detto – me lo aspettavo – che ero così rigido nei princìpi, così critico con i potenti ma poi lasciavo che i miei coetanei che non avevano santi in paradiso andassero a morire al posto mio al fronte. E io invece mi rifugiavo, anzi mi imboscavo, dietro le spalle sue e di Sua Eccellenza. Spalle vestite di stoffa nera, quella della camicia che portavano ambedue con virile orgoglio.

«Bella vigliaccheria! Il regime fa schifo sempre, meno quando deve evitarti la guerra, eh?»

«Esatto» gli ho risposto. «Proprio così. Mi servo di voi per evitare di dover fare qualcosa che la mia coscienza non consente. Dimmi un po': tu accetteresti di andare al fronte a morire per Roosevelt o per Stalin? È la stessa cosa, lo capisci?»

«No, non è la stessa cosa. Tu devi andare a combattere per la tua patria, con altri giovani italiani. Devi fare quello che fanno gli altri, non devi essere un privilegiato.»

«Hai ragione, non ti ho mai chiesto di esserlo. E ora che mi sono iscritto all'università sai bene che sto cercando per conto mio un lavoro, anche umile, per pagarmi gli studi. Non ti ho mai chiesto nulla, non ti chiederò mai nulla.

«Ma in guerra per il fascismo no, non ci vado. Piuttosto mi ammazzo o mi nascondo, finché non finisce.

«Non sparo sui miei amici. Non sparo per conto dei miei nemici.

«Non sono un traditore.

«Ora sai come stanno le cose. Decidi tu.»

E Ascenzo De Dominicis ha deciso.

Fatto sta che una mattina hanno suonato al campanello e un soldato ha consegnato a me, che avevo aperto la porta in pigiama, un foglietto di congedo illimitato firmato dal sottosegretario del ministero della Guerra, Antonio Sorice.

Quel fante quasi me lo ha tirato addosso, il foglio.

E quando l'ho ringraziato, ho sentito che bofonchiava, scendendo le scale: «Imboscato di merda, raccomandato del cazzo».

Aveva ragione, lui.

Ma avevo ragione anche io.

Capita, qualche volta.

Trenta

«Eccellenza, non risponde nessuno. E non hanno richiamato.» È la quarta volta che il Presidente mi chiede conto delle telefonate che ho cercato di fare da stamane. Rosa non c'è, ha diritto alla sua domenica di tranquillità, e in sua assenza sono io che mi occupo delle comunicazioni con l'esterno. Fin dal primo mattino ho cercato di farlo parlare con De Cesare, il segretario di Mussolini, poi con il sottosegretario agli Interni Umberto Albini e infine con il capo della polizia Clerici.

Nessuno risponde, nessuno richiama.

Strano, non è mai successo. L'atteggiamento di Clerici, amico di antica data di Sua Eccellenza, è quello che mi sembra lo mortifichi di più.

L'agenzia è semideserta, non c'è neanche il direttore Suster. È passato un attimo verso le dodici e poi è uscito. Non si sa per andare dove.

Eppure c'è un'aria strana. Vorrei sapere come è andata la riunione del Gran Consiglio, ma nessuno ne parla, qui. Sorrentino, la mia fonte abituale di notizie, ho visto che entrerà in turno solo nel pomeriggio. Ma qualcosa dovranno pur aver deciso! Non si può tenere tutto il Paese in questo stato di incertezza e di paura. Noi ci lamentiamo dei bombardamenti a Roma, ma cosa dovrebbero dire nel Nord Italia?

È dal 1940 che Milano, Torino, Genova sono colpite dalle incursioni nemiche. La gente è stremata, non ce la fa più. Ha fame e paura.

Me ne accorgo persino io.

Sarà per quel litigio con Arnaldo, ma ora le cose mi appaiono molto confuse, non ho più certezze. In alcuni momenti mi scopro a chiedermi se in fondo non abbia ragione lui.

Ma è una domanda che smonta tutta la mia vita.

Ormai, si sente nell'aria, da una parte ci sono i cittadini, dall'altra il regime. La gente ha fretta di farla finita con questa guerra, i gerarchi cincischiano, rinviano, si tendono tranelli fra loro. È un clima pesante, morboso.

E poi il Duce. Non è più lo stesso. Sembra solo un vaso di coccio tra Hitler, il re e i suoi ex fedelissimi che gli stanno scavando il vuoto intorno. Quei cicisbei, che esistono solo grazie a Lui.

In fondo al corridoio vedo Sorrentino, è in anticipo rispetto all'orario previsto. È trafelato, mi chiede se ho visto Suster. Gli rispondo che è stato in redazione fino all'una e poi è uscito.

«Non sai dove andava?»

Ho scosso la testa e lui allora ha fatto per voltarsi e riprendere il corridoio dal quale era venuto. E forse anche le scale per uscire.

Sono riuscito solo a dirgli: «Vuoi parlare con Sua Eccellenza?».

Senza neanche girarsi, mi ha risposto sottovoce: «Meglio di no».

Cosa diavolo sta succedendo? Deve essere qualcosa di importante. Le telefonate senza risposta, Sorrentino che cerca Suster e non vuole parlare con il Presidente. Il direttore che sguscia via senza neanche salutarlo.

Non è che stanno per far fuori Morgagni dall'agenzia? Che la manovra di Farinacci è riuscita?

Il Presidente ha sempre sul tavolo l'agenda del Duce che, per quella mattina, prevede una serie di incontri ufficiali tra cui uno con l'ambasciatore del Giappone. Sembra tutto tranquillo.

Entra trafelato un carabiniere di guardia qui a via di Propaganda e mi dice che il cambio turno gli ha riferito che Mussolini, accompagnato dal generale Enzo Galbiati, è andato a San Lorenzo. E che erano tutti stupiti perché il Duce non è stato accolto né dal solito tripudio né dal suo contrario, ma solo da indifferenza. Come se i cittadini avessero altro da fare, non volessero perdere tempo o venire disturbati.

D'altra parte erano già stati lì il papa, il re, Maria José. Lui arrivava buon ultimo e, comunque, il fatto che non lo abbiano respinto o insultato è già una buona cosa, visto il clima generale e il dolore di quel quartiere. Vuol dire che, anche in quella situazione drammatica, la sua autorità e il suo prestigio restano validi.

Torna Suster, ormai sono le due.

Sua Eccellenza non ha voluto mangiare nulla, è rimasto a lungo, lo vedevo attraverso il vetro smerigliato della porta, a osservare fuori dalla finestra, pensoso.

Era in quella posizione quando mi ha fatto entrare. Mi ha chiesto un caffè, che ha ingurgitato in fretta, a stomaco vuoto.

È solo, a Roma. La signora Bice è partita il 22 con la vecchia zia Cesira per Gallignano, nel Cremonese. Le ha messe al riparo, dopo il primo bombardamento sulla città.

È la moglie, l'unica con cui riesce a parlare stamane. L'ha chiamato al telefono a mezzogiorno e io gliel'ho passato.

Suster entra senza bussare, imprudenza frutto dello stato d'agitazione in cui si trova. Ora in agenzia non c'è davvero nessuno. Solo quei due uomini nella stanza con la porta chiusa. E l'usciere dell'agenzia Stefani, Ascenzo De Dominicis che, per la prima volta nella sua vita, da seduto, nella postazione di servizio al Presidente, si piega e appoggia, senza farsi vedere, l'orecchio destro in basso, sulla parte in legno della porta.

Prima ho sparso dei fogli, numerosi, in terra, così può sembrare che li stia raccogliendo. Non si sa mai arrivasse qualcuno all'improvviso.

Sento quella iena del direttore che dice: «Sono andato a Palazzo Venezia per raccogliere impressioni e notizie sulla seduta del Gran Consiglio. Vi ho trovato Polverelli, Bastianini, Galbiati, Buffarini-Guidi. Si guardavano un po' in cagnesco. Ma erano tutti sereni. Buffarini è stato lungamente dentro dal Duce, che ho intravisto attraverso la porta aperta, sempre massiccio ma invecchiato e molto imbronciato. Quando Bastianini esce parliamo un po' assieme ed egli mi dice come stanotte, il Gran Consiglio, con diciannove voti contro sette, abbia invitato il Duce a non persistere in metodi di governo e su strade che hanno ormai dimostrato di essere fatali alla nazione».

«Mi stai dicendo che Mussolini è andato in minoranza? È gravissimo, è enorme!»

Mentre il mio Presidente pronuncia queste parole, con tono affranto e grave, vedo gocce di sudore che dalla mia fronte scendono sui fogli che fingo di raccogliere. È il caldo, mi dico. Ma so che non è vero.

Suster riprende: «Bastianini crede che la crisi possa durare al massimo quarantotto ore, e che il Duce non potrà avere nella sua soluzione che una parte di forma e di prestigio, dati i gravissimi dissidi e le sanguinose accuse che sono state scambiate la notte scorsa durante il Gran Consiglio».

La mia impressione, solo ascoltando le voci e non potendo osservare i volti, è che questa ultima frase Suster l'abbia pronunciata in modo tagliente, subdolo. Che l'abbia fatto apposta per ferire Sua Eccellenza, sapendo i rapporti che lo legano al Duce, del quale è stato persino testimone nelle nozze civili.

È il tono di una persona soddisfatta, non di chi è sdegnato.

Il Presidente chiede se Suster conosca il nome di chi

ha votato contro il Duce. C'è un momento di silenzio, come se il direttore stesse sfogliando un quadernetto.

«Me li ha detti in gran segreto Buffarini: "A favore Grandi, che ha presentato l'ordine del giorno, e poi Bottai, De Vecchi, De Bono, De Marsico, Acerbo, Pareschi, Cianetti, Federzoni, Balella, Gottardi, Bignardi, De Stefani, Rossoni, Marinelli, Alfieri, Ciano, Bastianini, Albini. Contro si sono espressi Scorza, Biggini, Polverelli, Tringali-Casanova, Frattari, Buffarini-Guidi e Galbiati".»

«E perché non li ha fatti arrestare stanotte, questi masnadieri? Hanno bevuto alla sua fontana tutti, sempre. E ora lo tradiscono, miserabili.»

Non riesco a sentire la replica o il commento di Suster perché avverto che qualcuno sta arrivando.

È Sorrentino, che evidentemente non ha trovato Suster per strada.

Si abbatte sfinito su una sedia, deve aver corso molto. È sudato, si deterge il viso con un fazzoletto che porta nel taschino della giacca troppo larga. Vedo così che non ha più il distintivo del partito.

Poi sospira, mi guarda, si accerta che la maniglia della porta non si stia piegando. Mi parla sottovoce, furtivo.

«Che ti avevo detto, Ascenzo? Qui crolla tutto. E più rapidamente del previsto. Si salvi chi può.»

Trentuno

"Chi può nell'arcobaleno tracciare la linea dove finisce il colore violetto e comincia il color arancione? La differenza tra i colori è chiara, ma dove l'uno entra esattamente nell'altro? Così è della pazzia e della ragione. Nei casi estremi non c'è dubbio alcuno. Ma nei casi meno definiti, in gradazioni intermedie, la linea che li divide è accessibile a pochi."

Questa frase del *Billy Budd* di Melville mi ha molto colpito. Mi sembra rappresenti esattamente la mia condizione. Provo confusione e dolore, in questo momento. Non so più chi abbia torto o ragione. Mi torna in mente sempre l'immagine delle mani di mio padre e mio fratello che si toccano, non per una carezza ma per il suo contrario.

Non volevano confortarsi, volevano farsi del male.

Sangue contro.

È giusto che le idee siano capaci di lacerare anche il sentimento più profondo, quello dell'amore tra padre e figlio?

E io? E mamma? Qualcuno di quei due uomini pensa

mai a noi che dobbiamo assistere alla nostra famiglia che esplode, in questa città che esplode, in questo mondo che esplode?

Le nostre parole in queste stanze sembrano non esistere.

Siamo donne.

Io poi sono persino piccola.

Una piccola donna. Un sinonimo del niente. Lo zero assoluto.

Non sono riuscita a farli smettere di picchiarsi. Le mie parole non servivano, erano trasparenti. Allora ho pianto. Ho pianto forte perché quei due con le mani sul collo la smettessero.

Ma ora che faccio? Che facciamo? Piangiamo tanto forte da attraversare un tratto di cielo che colleghi la sede dell'agenzia Stefani e il luogo di questa città dolente in cui ora si trova mio fratello?

Un pianto che arrivi alle loro orecchie e li costringa a pensare. Li faccia tornare, così smettiamo di versare lacrime?

No, mi sono stufata. Io ballo con la mia mamma. Le ho detto piano, ma non mi ha capito: «Facciamo come Bartleby lo scrivano. Diciamo a quei due, senza piangere: "Preferirei di no"».

Preferirei di no. Preferirei che non vi odiaste. Siete mio padre e mio fratello. E se un giorno vi trovaste davanti, magari insieme ad altri? E se invece delle mani aveste in mano un bastone, un coltello, una pistola? Vi riconoscereste in quel momento? O l'odio vi accecherebbe? Certe volte ci penso, e mi sento male.

«Zeus e voi altri dèi rendete forte questo mio figlio. E che un giorno, vedendolo tornare dal campo di battaglia, qualcuno dica: "È molto più forte del padre".»

Quando la professoressa a scuola ci lesse questi versi di Ettore nell'*Iliade*, a me vennero le lacrime agli occhi. Pensavo alla tensione insopportabile che si respira in casa mia e alla grandezza delle parole di questo guerriero umile che spera di sapere che la carne della sua carne sarà migliore, più forte di lui.

E invece mio padre è attaccato alla gonnella nera di questo regime che si sta sciogliendo, sotto i bombardamenti, come neve al sole. E per essere stupidamente fedele al suo passato è persino disposto a ripudiare suo figlio, a considerarlo più un nemico da eliminare che parte indivisibile di se stesso.

Se persino la nostra portiera ora fa professione di antifascismo vuol dire non solo che ormai questo è il pensiero del popolo affamato e impaurito, ma significa che non si hanno più remore, che il fascismo non mette più paura a nessuno. Doveva essere un impero, ora sembra un'operetta.

Sono una ragazzina, ma quello che mi è successo – le bombe sulla testa, la lettera del papà di Elisa e la rissa tra papà e Arnaldo – mi ha costretto a crescere in fretta.

In questo mese di luglio, cominciato con il sangue tra le mie gambe, ho scalato tante età, ho accelerato il tempo. Mi sembra di pensare in un modo tutto nuovo. Mi pare che i recinti, esterni e interni, che contenevano il puledro che oggi sono, si siano progressivamente aperti. Forse sto riuscendo a trovare il pertugio che prima non scovavo. O almeno ho imparato a scavalcare gli sbarramenti.

Leggendo il *Billy Budd* e trovando quelle parole mi sono detta che forse, tra il violetto e l'arancione, ora mi pare di saper riconoscere la differenza. Non sono sicura di nulla. I poli della scelta che mi sembra ciascuno sia chiamato ora a fare, pure una ragazza come me, coincidono con due amori che non riesco a separare e a mettere in conflitto.

Questo rende tutto più difficile.

Ha ragione papà o ha ragione Arnaldo?

Ci ho pensato e ripensato ma ora credo che, nel giusto, sia mio fratello. Non si può vivere così. Siamo tutti imprigionati, tutti assediati, tutti affamati.

Ma cerco anche nella scelta di mio padre delle ragioni. E le trovo nella coerenza di convinzioni che, sbagliate che siano, hanno determinato la sua vita. Le trovo nella lealtà che lui deve all'uomo che gli ha dato fiducia, lavoro, sicurezza e, in fondo, persino una forma di affetto.

E più capisco che tutto sta crollando, in primo luogo il consenso del popolo, e più soffro per mio padre. So che è un uomo onesto, innamorato di idee e di persone sbagliate, che ci hanno portato fin qui. Ma ora mi sembra gli si stia sciogliendo il piedistallo su cui l'ho sempre visto, autorevole, sicuro. Lui nella famiglia non era solo il padre o il marito, era anche il Duce o il suo legittimo rappresentante in casa De Dominicis, via Catanzaro, Roma, Italia.

Quando lui diceva qualcosa, che fosse riferito al destino del mondo o alla pulizia della nostra stanza, era sempre una sentenza emessa direttamente da piazza Venezia, Sala del Mappamondo.

Credere e obbedire.

Da un po' di tempo invece parla, ma non emette voce. La sua autorevolezza è crollata, come quella del Duce. I suoi ordini vengono ignorati e lui non è in grado di imporre sanzioni.

E quindi è stata mamma, finché ha potuto, a sperimentare un altro metodo: ascoltare e convincere.

A mettere a posto i vestiti come a studiare.

Insomma, la democrazia si è fatta strada, almeno in casa nostra, attraverso questa donna fragile e sottomessa che però, quando il "regime" è al lavoro in agenzia, sperimenta forme diverse per convincere noi di scelte che, in fondo, condividiamo con lei.

È brutto dirlo, ma quando nostro padre non è in casa, si sta meglio. C'è meno tensione, meno conflitto.

Si stava meglio. Ora Arnaldo è andato via, è troppo tardi. Non so se tornerà mai più.

Uno dei due deve vincere, l'altro deve perdere e accettarlo. Non riesco a immaginare come e se potremo mai rivederli insieme, rivederci insieme. E questo mi fa soffrire. A mio padre e ai suoi amici imputo proprio questo: di aver messo tutti noi di fronte a una scelta così estrema e disperata. E sono certa che questo è il problema di tutte le case che vedo da questa finestra.

Dietro quelle persiane ci sono certamente, in queste ore, situazioni come la nostra.

Ora questa domenica di sole e caldo sta per finire. Un altro giorno inutile, senza Arnaldo.

Anche se oggi mi ha chiamato, e sono stata contenta.

Si stanno accendendo le luci delle case.

Io mi chiudo in camera mia. Non ho voglia di vedere papà quando tornerà, se tornerà.

E stasera, puledro ormai capace di saltare i recinti, la finestra non la chiudo. E chi se ne importa della carta blu. Fa caldo e voglio sdraiarmi sul letto così, con solo la camicetta.

Magari Giulio potesse vedermi...

Prendo il *Benito Cereno* di Melville e accendo la radio.

Sono le dieci e mezza. Nella Colombo con l'orchestra Zeme sta cantando:

«*Io vorrei una cosa che al mio cuore dolcemente doni un palpito d'amor. È una cosa deliziosa, che di notte misteriosa fa le bimbe sospirare, fa le bimbe trepidare di passion. Mamma non son più la capricciosa ragazzina che giocava sempre con la bionda bambolina, ora son cresciuta e un desiderio in cuore è nato: oh, mamma io vorrei un fidanzato...*».

Trentadue

Puoi abbassare il volume? Nella casa dove si trovano alcuni di noi, una piccola palazzina in una strada isolata dietro piazza San Giovanni, risuona alto il suono di una canzone. La conosco perché piace tanto a Margherita, che la canticchia spesso. A me sembra un po' stupida, ma capisco che per una quattordicenne con il cuore in allerta possa andare bene. Credo la canti Nella Colombo, certamente la suona l'orchestra Zeme, che tante serate ha allietato, con la sua musica allegra, nella stanza dove mia sorella e io dormiamo. O dormivamo.

Non credo che tornerò mai più, lì. Non saprei come affrontare il primo incontro con papà, dopo quello che è successo. Io non mi scuserei. Non lo farei mai. Lui neanche, se lo conosco. È abruzzese, orgoglioso e testardo.

Non mi va neanche di fingere, per rispetto di mamma e Margherita. Soffro a pensare cosa sarebbero di nuovo i pasti, tutti insieme. Non c'è neanche la scuola, i compiti e le interrogazioni, per trovare un argomento tanto laterale da non destare conflitti. Staremmo zitti, testa nel piatto. Un grugnito di saluto e poi via, per i nostri destini separati. Anzi opposti.

Meglio di no.

Oggi ho telefonato a Margherita: mi ha detto che papà quasi non si vede più in casa e che mamma è tanto preoccupata per me e per lui. Teme che mi metta in qualche guaio. Per mio padre invece ha paura che non sappia uscire dal guaio in cui si è messo.

La casa è silenziosa e mia sorella riempie il tempo e il silenzio con i libri che le ho lasciato e con la musica del grammofono e della radio.

Elisa ha preso il coraggio a quattro mani e una mattina, mentre facevano colazione presto al mattino, ha confessato a sua madre della lettera. La reazione non è stata quella che si aspettava.

Non ha pianto, non ha urlato, né inveito, come sarebbe stato giusto, contro il Duce e la guerra. No, ha negato tutto. Ha solo detto di non essere certa che la lettera sia stata scritta da lui e comunque, anche se lo fosse, non vuol dire niente di definitivo. Magari quella sera aveva freddo, ma poi invece si è ripreso.

Oppure vuol dire che si ferma lì, come dice il testo, "Io resto qui con altri amici in questa terra", magari ha trovato rifugio in qualche casa di brava gente. E si nasconde. Oppure che ha trovato un altro amore. Ma andrebbe bene lo stesso. Va bene tutto, purché sia vivo e stia bene.

Elisa, mi ha raccontato Margherita, è rimasta di stucco. Anche perché sua mamma si è alzata, ha rassettato la tavola, lavato i piatti, tolto il grembiule, e si è messa davanti alla radio. Alle 7.30 trasmettono tutti i giorni un programma che si chiama *Notizie a casa dai militari combattenti e dai militari dislocati nei territori occupati dalle nostre truppe*.

«Vieni, Elisa, forse parlano di papà, forse ci fanno ascoltare un suo messaggio.»

Prima di finire la telefonata Margherita mi ha detto anche di aver visto di nuovo quel ragazzo che ha salvato lei ed Elisa lunedì, quel Giulio.

E che le piace molto. Le ho detto di stare attenta perché lui è più grande ma, in verità, sono contento che si sia invaghita di lui perché me lo descrive come un bravo giovane, studioso, gentile e per di più con idee antifasciste.

E poi, dentro di me, sono contento che si sia tolta dalla mente e dal cuore Franco. Mi sentivo in colpa. Era uno dei tanti sensi di colpa con i quali convivo, in questi giorni. Verso la mia famiglia, per l'abbandono. Verso di loro, sempre, per aver fatto qualcosa che condannerebbero, credo tutti insieme. Un amore omosessuale non piacerebbe a mia madre, credo. Mio padre chiamerebbe un medico dei pazzi o la milizia per curarmi in manicomio o per farmi raddrizzare la schiena. Senso di colpa verso Margherita, per aver amato chi lei voleva amare. Senso di colpa verso i miei compagni, qui: non credo accetterebbero neppure loro che uno di noi sia stato con un ragazzo.

Senso di colpa verso Franco. Sono sparito, subito dopo. Ma anche lui non mi ha cercato più.

Forse è giusto così. Forse quello che è successo è stato un piccolo sogno in questo incubo, un volo di farfalla dentro un bombardamento. Non sarebbe mai più così intenso, dolce, semplice. Pieno di solidarietà, comprensione, accudimento.

Ora non devo pensare ad altro che al nostro lavoro di propaganda, ad allargare le fila del nostro movimento di giovani universitari. Il partito ci ha messo in contatto con antifascisti più anziani, più esperti, capaci di darci consigli per organizzare il lavoro clandestino. Ci hanno messo a disposizione questa palazzina di proprietà di un professore che vive qui con noi per non destare sospetti. Di giorno, in terrazza, siamo in molti e da qui partiamo per diffonderci nella città. Di notte dormiamo davvero in pochi. Chi può deve restare in casa, dobbiamo stare sempre attenti.

Io non posso più. E come me altri due ragazzi romani, cacciati di casa, per non avere guai, da genitori che però, certamente, non li denunceranno ai fascisti. Anche perché il fratello di Marcello è stato picchiato dagli squadristi e ora è su una sedia a rotelle.

E poi ci sono due rumorosi ragazzi del Sud, fidanzati, venuti a Roma per studiare e sprovvisti di casa. Qui possiamo fare il rumore che ci pare, nessuno ci vede e ci sente.

Ma stasera il volume della radio è davvero troppo alto. Glielo dico. Tra poco dovrebbe esserci il giornale radio: dirà che la guerra va bene, che Hitler avanza, che Mussolini ha parlato a non so quale folla in delirio. Un tempo forse era tutto vero. Ora no.

Mi alzo dalla poltrona della stanza a fianco perché

capisco che non mi hanno sentito, o non hanno voluto sentire. Li trovo che ballano allegri sulle note di quel motivetto, quello del "*oh, mamma io vorrei un fidanzato*".

Sorrido, mi stanno simpatici. La musica finisce, ora inizieranno le notizie. Il radiogiornale è previsto alle 22.45.

Invece c'è silenzio, uno strano silenzio. Non siamo abituati più al silenzio. Tutti, da anni, devono sempre parlare con tono alto e marziale, come se nel silenzio ci fosse il rischio che qualcuno potesse infilare le parole sue, i pensieri suoi. Considerati inutili, se non pericolosi.

Rumore, sempre. Silenzio, mai.

Perciò ora questo silenzio è strano, quasi eversivo.

Passano due minuti così. I ragazzi e io ci guardiamo. Attirati da questa condizione inusuale, arrivano anche gli altri due inquilini della casa e il professore. Siamo tutti lì, muti, a guardare l'apparecchio che tace. Come se da quella luce, quella manopola, quella stanghetta rossa che percorre la linea delle frequenze, potesse venire una spiegazione.

Poi una voce: «Attenzione! Attenzione! Sua Maestà il Re e Imperatore ha accettato le dimissioni dalla carica di Capo del Governo, Primo Ministro e Segretario di Stato presentate da Sua Eccellenza il Cavaliere Benito Mussolini e ha nominato Capo del Governo, Primo Ministro e Segretario di Stato Sua Eccellenza il Cavaliere Maresciallo d'Italia Pietro Badoglio».

Cominciamo ad abbracciarci, sembriamo dei pazzi. Apriamo le finestre, stasera non ci bombarderà nessuno. Lontano vediamo dei palazzi: a una a una le luci delle case si accendono e le persiane si spalancano. Cominciamo a sentire in strada delle voci di persone festose.

Inizia una nuova era. Il fascismo è finito.

Il professore sorride e anche lui festeggia.

Poi però si lascia andare su una sedia, sembra preoccupato, e dice solo: «E ora?».

Mentre tutti urlano io penso a mio padre.

Che ne sarà di lui?

Trentatré

Qui in agenzia circolano le notizie più assurde. Questo pomeriggio domenicale lo ricorderò per sempre. Qualcuno sussurra che Mussolini abbia impartito disposizioni per l'arresto di tutti i congiurati. Qualcun altro che, nell'incontro con l'ambasciatore del Giappone, il Duce abbia adombrato la possibilità di una pace separata con la Russia.

Sorrentino mi ha sussurrato invece che il Duce è andato dal re, a Villa Savoia, e da allora non si hanno più notizie di lui. Lo aspettavano a Palazzo Venezia ma non è tornato. Qualcuno dice sia andato direttamente a Villa Torlonia.

Non so più cosa pensare. Mi chiama il Presidente. Mi affaccio per sapere se gradisce un caffè. Mi fa cenno di entrare. Non c'è nessuno. È pomeriggio inoltrato, il sole sta per tramontare.

«Ascenzo, ti ricordi quando ti ho detto che non dovevi preoccuparti? Che il Duce aveva tutto sotto controllo? Non ti mentivo. Era la mia speranza, che volevo condividere con te. Ora invece non ne sono più sicuro. Nessuno mi parla, nessuno mi informa, sono tutti spariti. Stamane, mentre venivo, ho visto l'auto del Duce in via Nazionale. Avrei voluto fermarlo e chiedere a Lui, al mio amico di sempre, alla mia guida unica, cosa diavolo stia accadendo.

«Ma mi sono sentito piccolo. So cosa sta vivendo quell'uomo, cosa possa avere nell'animo, quanto gli pesi come una pietra nel cuore il tradimento degli amici più fidati, persino di suo genero. Tutta gente che senza di lui non sarebbe esistita.

«Perché anche tu sei consapevole di come è andato il Gran Consiglio, no? Lo sanno tutti in agenzia. Io l'ho appreso di sfuggita dal direttore, che secondo me si sta preparando a... Ma lasciamo perdere, misureremo sotto il sole le ombre degli uomini. Ora voglio avvertirti che tutto è possibile. Anche il peggio. Aspettiamo gli eventi e abbiamo fiducia nel Duce, ma intanto tu, Maria e i ragazzi pensate anche a prendervi qualche giorno in Abruzzo, o dove vuoi. Ma lontano da qui. Per ora limitati a studiare questa possibilità. Poi decideremo insieme se metterla in atto.»

«Grazie, Eccellenza. Ma in Abruzzo non posso tornare. Tutti sanno come la penso. E molti hanno ancora conti da regolare per quello che ho combinato da ragazzo. Mi permettete una domanda?»

Il Presidente sembra già essere tornato nei suoi cupi pensieri. Mi guarda sfuggente, il capo già chino su fogli dove non c'è scritto nulla. Mi fa cenno di sì con la testa, capisco che ho il tempo contato e allora precipito la domanda: «Ma è vero, come dicono qui, che Mussolini non è tornato a Palazzo Venezia dopo essere stato dal re?».

C'è un secondo di silenzio. Ora Sua Eccellenza alza la testa e mi guarda. Ha negli occhi qualcosa che sta sospeso tra lo smarrimento e la furia.

Forse più il primo.

«Perché, Mussolini è andato al Quirinale?»

«Dicono a Villa Savoia...» E mi rendo conto che sto facendo come Maria quando usa il suo insopportabile: "Dice...".

Ora il Presidente non è più smarrito. Ha lo sguardo di un animale braccato che ha perso il senso dell'orientamento.

«Sia fatta la volontà di Dio. Fammi venire qui il direttore, subito.»

Entra Suster, il colloquio è breve. Esce agitato.

Poi Sua Eccellenza, si è fatta sera, mi dice di avvertire l'autista che lui sta per tornare a casa, in via Nibby.

Esce e mi dice solo: «A domani. Spero».

Poco dopo anche il direttore imbocca l'uscita. Immagino raggiunga la sua casa.

Si è fatta l'ora di cena ma non ho fame. Non telefono a casa da stamane. Ma non ho voglia. Dovrei rispondere alle domande di Maria, che ormai sono insistenti, e dovrei chiedere se Arnaldo ha dato cenni di vita. Ma non voglio sembrare un debole.

Tornerò a casa quando tutti dormono, come faccio da qualche giorno. Tanto nessuno mi parla, se non per far domande, dal momento in cui io e mio figlio siamo venuti alle mani. Anche Margherita, quando rincaso, fa finta di dormire.

Mi sento solo, a casa. Qui, almeno, mi dicono cosa

succede. Mi sembra di essere, io umile usciere, al centro degli eventi.

Per una volta ho persino dato io una notizia, e che notizia, al mio Presidente.

L'orologio nel corridoio segna le 21.40. Devo appuntarlo con precisione, perché è arrivato qualcuno che chiede del direttore.

L'ora è inusuale, la persona è però molto distinta. Ha un plico tra le mani.

Mi dice di avere comunicazioni urgenti per Suster. Io gli chiedo se vuole che chiami il Presidente. Lui mi risponde: «Assolutamente no. Cercatemi il direttore a casa».

Ha un tono imperativo, ingiustificato per un visitatore. Ma non mi sembra il caso di fare il difficile.

«Va bene, chi devo dire?»

L'uomo tira un sospiro e dice d'un fiato: «Sono il professor Casorati, gli dica così. Lui capirà».

Anche io ho capito. Sono usciere, non per questo un cretino o un disinformato.

Il professor Casorati è il capo dell'ufficio stampa della Casa Reale.

Mi tremano le dita mentre compongo il numero. Temo di capire.

Dopo un paio di squilli Suster risponde: «Direttore, sono De Dominicis. Qui in agenzia c'è il professor Casorati che chiede di voi».

L'uomo incalza: «Ditegli che ho tre comunicati riservati e urgenti da consegnargli».

Riferisco al professore le parole di Suster che domanda se non può consegnarli al caporedattore Gallimberti.

L'uomo, severo, mi chiede di passargli la cornetta e mi guarda come per liquidarmi.

Ma quello è il mio posto di lavoro, al massimo posso allontanarmi di qualche metro, per discrezione.

Lo sento dire: «No, non posso darli al caporedattore Gallimberti, devo consegnarli a voi. È cosa della massima urgenza e importanza. Vi aspetto, fate presto».

Ora l'uomo si siede in sala d'aspetto. In agenzia siamo in pochi. Nella zona della presidenza solo io e lui. Non mi degna di uno sguardo. Sta lì, con la sua cartelletta serrata sulle gambe e non ostenta alcuna emozione.

Mi domanda solo, guardando l'orologio: «Dove abita il direttore?».

«In via dei Monti Parioli» gli rispondo.

Ora l'orologio segna le 22.15. Quei minuti con l'ospite muto non passano mai. Darei tutto l'oro del mondo per sapere cosa ci sia scritto in quella cartelletta.

Mi sembra che i ruoli si siano capovolti. Che sia lui a controllare me, non mi toglie gli occhi di dosso. Forse ha paura che chiami il Presidente o qualcun altro, e non il contrario. Improvvisamente lui è il padrone di casa e io l'ospite.

Faccio per alzarmi, ma lui mi scruta e mi chiede persino dove stia andando. Teme che sfugga al suo sguardo, anche solo per un attimo. Ma è anche vero il contrario. Sono io a dover controllare lui. Perciò restiamo fermi lì, come due animali che si studiano prima di attaccarsi.

Ecco Suster, arriva trafelato, ha guidato personalmente la sua auto e, ossequioso, fa strada al professore verso il suo ufficio. Chiude la porta.

Restano a colloquio dieci minuti. Poi Suster esce dalla stanza e mi guarda, come infastidito: «Ci siete solo voi, qui, per fare una telefonata?». «Sì» gli rispondo, ma avrei voluto aggiungere: «Chi altro dovrebbe esserci? Sono qui da anni, ben prima di voi, e ho sempre chiamato tutti, ovunque. Lo sapete benissimo, perché ora fate questa domanda idiota?».

Suster si guarda intorno, deluso. Mi dice: «Allora cercatemi al Quirinale il commendatore Costetti».

Costetti è il capo di gabinetto del ministro della Real Casa, Acquarone. Lo avevo più volte messo in comunicazione con Sua Eccellenza.

Mi risponde e lo passo al direttore. Ora vorrei chiamare a casa il Presidente per informarlo di quello che sta accadendo. Ma sento, impalpabilmente, che qualcuno sta controllando i miei gesti, che da quella porta ora solo socchiusa lo sguardo del professore e quello del direttore mi inchiodano, inerme, al mio posto di lavoro. Se alzassi il telefono, immagino che mi riprenderebbero.

Ma è Suster a uscire di nuovo, con dei fogli in mano, e a dirmi di andare subito da Gallimberti nella sua stanza e poi di cercargli Polverelli al Minculpop e subito dopo il sottosegretario Bastianini.

Lo faccio, rispettando la sequenza che lui mi ha indicato: Gallimberti, Polverelli – non c'è, ma il suo capo di gabinetto Corrias ci fa richiamare poco dopo – e infine Bastianini, che non è in casa. La moglie mi dice di passarle lo stesso il direttore.

All'elenco di chiamate ne manca una, per me importantissima, quella al Presidente. È evidente che lo stanno tenendo fuori dagli eventi. Era il primo che Suster aveva il dovere di cercare.

Ma ora lo fa. Non prima di essersi recato con dei foglietti in mano al reparto telescriventi. Quando torna, mi dice di passargli Sua Eccellenza.

Lo chiamo. Ha la voce tremante e irriconoscibile, sembra un bambino impaurito.

Mi dice: «Che sta succedendo, Ascenzo?».

«Non lo so, Eccellenza, il direttore vuole parlarvi con urgenza. Ve lo passo. Buonasera.»

Intanto sono all'improvviso arrivati dei carabinieri, che hanno preso il controllo della porta dell'agenzia e si sparpagliano nei corridoi.

Sono le 22.40, anche quest'orario devo annotarmi.

Da lontano vedo Sorrentino che allarga le braccia, è bianco in volto.

D'improvviso scende un silenzio di tomba. Si sente solo una radio, accesa ad alto volume. Anzi, è più di una. Sono disseminate nella stanza delle telescriventi, nella redazione, nell'ufficio del direttore all'interno del quale staziona ancora il professore. Accendo anche io quella che è nella stanza di Rosa, la segretaria del Presidente.

È strano, si ascolta, da tutti quegli apparecchi, solo il fruscìo del silenzio. Poi una voce che dice: «Attenzione! Attenzione! Sua Maestà il Re e Imperatore ha accettato le dimissioni dalla carica di Capo del Governo, Primo Ministro e Segretario di Stato presentate da Sua Eccellenza il Cavaliere Benito Mussolini e ha nominato Capo del Governo, Primo Ministro e Segretario di Stato Sua Eccellenza il Cavaliere Maresciallo d'Italia Pietro Badoglio».

Non fa in tempo a finire l'annunciatore che si sente un'esplosione di gioia, anche negli uffici di quella redazione che era sempre stata obbediente al Duce e al fascismo. Io mi sento morire, sono confuso, guardo il distintivo che ho al bavero della divisa e non so cosa fare.

Intanto la radio prosegue dando lettura di due comunicati. Certamente quelli che il professore ha portato a Suster: «Italiani! Assumo da oggi il comando di tutte le Forze Armate. Nell'ora solenne che incombe sui destini della Patria ognuno riprenda il suo posto di dovere, di fede e di combattimento: nessuna deviazione deve essere tollerata, nessuna recriminazione può essere consentita. Ogni italiano si inchini dinanzi alle gravi ferite che hanno lacerato il sacro suolo della Patria. L'Italia, per il valore delle sue Forze Armate, per la decisa volontà di tutti i cittadini, ritroverà, nel rispetto delle istituzioni che ne hanno sempre confortata l'ascesa, la via della riscossa. Italiani! Sono più che mai indissolubilmente unito a voi dalla incrollabile fede nell'immortalità della Patria.

Firmato: Vittorio Emanuele».

E subito dopo: «Italiani! Per ordine di Sua Maestà il Re e Imperatore assumo il Governo militare del Paese, con pieni poteri. La guerra continua. L'Italia, duramente colpita nelle sue provincie invase, nelle sue città distrutte, mantiene fede alla parola data, gelosa custode delle sue millenarie tradizioni. Si serrino le file attorno a Sua Maestà il Re e Imperatore, immagine vivente della

Patria, esempio per tutti. La consegna ricevuta è chiara e precisa: sarà scrupolosamente eseguita, e chiunque si illuda di poterne intralciare il normale svolgimento, o tenti di turbare l'ordine pubblico, sarà inesorabilmente colpito. Viva l'Italia. Viva il Re.

Firmato: Maresciallo d'Italia Pietro Badoglio».

La radio non ha ancora finito di parlare che il brigadiere dei carabinieri va di stanza in stanza per staccare i ritratti di Mussolini. C'è una gran confusione. Io ho l'impressione che qualcuno mi guardi male. Forse mi sbaglio, sono i colleghi con i quali lavoro da anni.

Si sentono tante voci, dabbasso, e le finestre si spalancano per vedere cosa succede. In piazza di Spagna c'è un uomo in camicia da notte che corre, come impazzito, agitando una bandiera tricolore. Tutti si abbracciano, cantano, gridano di gioia. Ma temo che presto grideranno parole di odio e di vendetta.

Io non so che fare: se partecipare fintamente a questa gioia che non condivido, almeno credo, oppure ostentare la mia tristezza, coerente con le mie idee. Non so cosa sia giusto. E allora mi rifugio nel bagno, chiudo la porta e mi siedo sulla tazza. Non piango, ho persino paura di farlo. Sono nel marasma, mi sembra che la testa mi scoppi.

Faccio in tempo a uscire, non ho deciso nulla, e squilla il telefono. Sono le 23.15.

Rispondo, mentre intorno c'è un gran baccano. Faccio fatica a sentire la voce dall'altra parte del filo. È l'avvocato Campanelli, vecchio amico di Sua Eccellenza, che urla nella cornetta.

Urla che il Presidente si è sparato, che è agonizzante in casa.

Poi abbassa.

Informo subito Suster, che sembra anche lui sconvolto. Mi dice di prendere la sua macchina e di accompagnarlo, con uno dei carabinieri, in via Nibby. Al numero 20.

Lo troviamo sdraiato in un mare di sangue, con la materia cerebrale che esce dalla fronte squarciata. Rantola nella sua stanza da letto. Sul tavolo c'è un biglietto. Suster lo legge per primo.

Poi lo faccio io, piangendo: "Il Duce ha dato le dimissioni, il re ha chiamato Badoglio. La mia vita è finita. Viva Mussolini".

E poi due fogli. Il primo è una lettera a Mussolini: "Mio Duce! L'esasperante dolore di italiano e di fascista mi ha vinto! Non è un atto di viltà, quello che compio; non ho più energia, non ho più vita. Da più di trent'anni tu, Duce, hai avuto tutta la mia fedeltà. La mia vita era tua. Ti ho servito, un tempo, come amico; ho proseguito a farlo con passione di gregario, sempre con devozione assoluta. Ti domando perdono se sparisco. Muoio con il tuo nome sulle labbra e con l'invocazione per la salvezza dell'Italia".

Il secondo è un breve foglietto, vergato con mano tremante: "Agli amministratori della S.A. Stefani. In tutta coscienza, all'atto di abbandonare la vita, vi dichiaro di donare al personale della Stefani, dal più modesto al maggiore, la mia proprietà immobiliare, che possiedo in Roma, via Antonio Nibby 20. Vi raggiunga il mio ultimo addio".

Ora non ho più nulla. Mi sento nemico, orfano, straniero nel tempo che sembrava appartenermi. Forse ha ragione Arnaldo, forse era tutto sbagliato. La guerra, le camicie nere, i sabati con il moschetto, l'olio di ricino, le bastonate ai socialisti, l'adorazione di Hitler. Tutto ci ha portato fin qui. A questo corpo che rantola, a questa guerra che non finisce, a questo odio che ci travolge.

Ne valeva la pena?

Ma come posso dirlo, chi mi crederebbe? E io mi credo? Sto pensando questo per paura, per opportunismo da voltagabbana o per sincera convinzione? Sono pentito o solo terrorizzato dalle conseguenze delle mie scelte, della vita che ho fatto seguendo il Duce e questo corpo ormai freddo?

Diranno che ero un fascista della prima ora? Mi uccideranno? Mi picchieranno? Mi licenzieranno? Mi metteranno in galera?

Ora spero solo che non facciano, con quelli come me, ciò che noi abbiamo fatto a loro.

C'è gran confusione qui. Ma solo caos, niente altro. Non si vedono camicie nere in difesa del Duce, non si vede la milizia armata e neanche i moschettieri del Duce. Non si vedono i gerarchi e i papaveri dello Stato che hanno beneficiato del regime. Non si vede nessuno che abbia la dignità di difendere ciò per cui, lungo vent'anni, è stato fanatico sostenitore, spesso più fascista del Duce.

Solo quell'uomo con il cervello che gli sgorga da un foro livido ha avuto il coraggio di pagare, in queste ore bastarde, fatte di tradimenti e inganni.

Suster è tornato in agenzia e io prendo la porta e scappo. Non so dove, non so per quanto.

Mi tolgo la giacca.

La getto in terra.

Resto in camicia.

Tanto fa caldo, stasera.

Cammino come un fantasma per Roma, un delirio di fuochi e di busti di marmo in frantumi.

Qualcuno mi sorride e mi abbraccia, ma sono un corpo morto, carne senz'anima.

Ho un solo pensiero, che mi morde il cuore.

Arnaldo, scusami.

Trentaquattro

Che trambusto, stasera. Margherita è entrata di corsa nella mia stanza e mi ha detto di andare nella sua camera ad ascoltare la radio.

Il fascismo non c'è più, Mussolini è caduto.

Cosa devo pensare?

Io, Maria De Dominicis, sono felice.

Spaventata ma felice.

Aveva ragione Arnaldo, io l'ho sempre saputo.

Quel testone di mio marito, lo sapeva anche lui. Ma ha la capoccia di cemento ed è fedele alle sue idee. Anche quando sa che sono sbagliate. Io gli riferivo quello che diceva il popolo e lui si arrabbiava perché cominciavo con: "Dice…". Però lo so che questo gli serviva solo a nascondere il dolore per il contenuto di quello che gli raccontavo. Capiva che il suo sogno era diventato un incubo e aveva paura di svegliarsi e accettarlo.

Ora però sarà spaventato. Ho chiamato in agenzia e mi hanno detto di Sua Eccellenza e che lui è andato lì ma non è tornato. Posso immaginare quanto sia disperato e temo solo che voglia fare come il Presidente, che voglia essergli fedele fino in fondo. Anche così.

Ma forse vuole troppo bene ai suoi ragazzi, non lo farebbe mai. Sua Eccellenza non aveva figli e forse questo spiega perché si sia ucciso. E forse aveva più peccati di quanti possa averne il mio Ascenzo.

Lui faceva solo il suo lavoro, era fascista, come tutti. Chi potrà scagliare la prima pietra?

Arnaldo non so dove sia. Forse ora tornerà a casa. Di certo è lui, il vincente, a essere preoccupato per il perdente, suo padre. Margherita mi ha chiesto se poteva uscire a festeggiare, anche perché è venuto a prenderla Giulio, che mi sembra un bravo ragazzo.

Le ho detto di sì, tanto il padre non può certo rimproverarci, stasera.

Ora è l'una di notte. Si sentono tante voci per strada. Voci allegre, finalmente.

E allora mi tolgo le pantofole, mi sistemo i capelli, la veste ed esco anche io.

Devo andare a cercare quel testone di mio marito, devo dirgli cosa fare.

E se incontrerò Arnaldo e Margherita, dirò loro che domani si mangia tutti insieme, a casa.

A quel testone ci penso io. Lo proteggo io. Sono stufa che ogni volta ci sia uno che scappa.

Cammino per le strade di questa Roma stravolta.

Alcune sono deserte, completamente deserte.

Tutti sono dove sono tutti.

Imbocco via Bari. Per terra ci sono decine di camicie

nere e di sahariane, tirate chissà da quale di quelle finestre che ora hanno tutte la bandiera tricolore esposta in bella vista.

Poi sento un rumore grave.

Come un ribollire inquietante.

Cerco di capire da dove viene.

Sale dal basso.

Mi piego su me stessa, perché mi sembra che la fonte di quel tuono sia sotto l'asfalto.

Ora sono vicina. Il rumore mi sembra stia salendo, con un rombo inquietante, dal ventre della terra.

Dal tombino sgorga una materia scura.

È un fiume che invade la strada.

Sono distintivi.

Sul dorso del metallo c'è un simbolo.

Un fascio littorio.

Ringraziamenti

Devono essere state ore incredibili, quelle trascorse nella metà del luglio 1943. Ore nelle quali in ciascuna famiglia, in ogni casa, si è stati chiamati a fare una "scelta". La dittatura fascista aveva – con la compressione delle libertà individuali, le leggi razziali, la partecipazione alla guerra di Hitler – seminato odio, divisione e violenza. E quando un regime crolla è sempre un tempo di rese dei conti. Quei giorni mi sembrano essere stati decisivi per la storia italiana contemporanea. Eroismo e trasformismo, coraggio e pavidità, hanno connotato il travaglio di un paese che comunque non avrebbe smesso di soffrire. I busti rapidamente ammainati del Duce e le feste per la caduta di un regime che aveva goduto, almeno fino alla metà degli anni Trenta, di un vasto consenso furono rapidamente sostituiti, in molta parte d'Italia, dall'occupazione nazista. Il nero diventò più nero.

Esiste una infinita produzione saggistica e letteraria su quei giorni terribili. Ad essa ho attinto per cercare di ricostruire l'atmosfera di quelle ore frenetiche. Il mio primo ringraziamento va al Professor Emilio Gentile, autore di saggi importantissimi dedicati a quel passaggio della storia nazionale, che ha voluto rivedere il testo e darmi consigli preziosi.

Ringrazio inoltre il dottor Roberto De Rose, dell'archivio di Stato, che mi ha aiutato nelle ricerche volte a mettere a fuoco la figura di Manlio Morgagni, unico esponente del regime che si tolse la vita dopo la caduta del Duce. Di grande utilità, per la storia della Stefani, è stata la ricerca di un grande giornalista come Sergio Lepri e il reperimento, ovunque, della memorialistica d'epoca, a cominciare dal diario del direttore dell'agenzia, Roberto Suster. Così come la lettura di un saggio su Morgagni, scritto da Luigi Orsini nei mesi successivi alla morte, e reperito grazie alla Fondazione Biblioteche della Cassa di Risparmio di Firenze e, in particolare, alla gentilezza delle dottoresse Mosi e Biagi.

Grazie a Massimo Turchetta e alla Rizzoli, con la quale pubblico i miei libri da quasi trent'anni. Un pensiero riconoscente e affettuoso a Gemma Trevisani. Senza la sua intelligenza e insistenza questo libro non sarebbe nato. Sono grato a Benedetta Bolis che, con il suo lavoro attento e prezioso, ha accolto e seguito *La scelta* fin dall'inizio. Grazie a Luisa Colicchio. E a Rosaria Carpinelli, che mi accompagna sempre con competenza letteraria e affetto personale.

Un pensiero, infine, a Ettore Scola. Ha raccontato come pochi il tempo sospeso di quei giorni. Sarebbe stato il primo a leggere questo testo.

Finito di stampare nel mese di marzo 2022
presso Grafica Veneta S.p.A. – via Malcanton, 2 – Trebaselghe (PD)
Printed in Italy